미국법 시리즈

Evidence Law

미국 증거법

강병진 저

법률신문사

| PREFACE |

이 책은 미국 증거법(Evidence Law)에 대한 전반적인 해설서로서 미국 증거법을 이해하기 쉽고 접근하기 쉬운 방식으로 설명하는 데 목적을 두고 있습니다. 그 동안 미국 증거법을 강의하면서 정리해 두었던 강의안을 정리하여 출판하게 되었습니다.

이 책에서 다루는 미국 증거법은 크게 증거법 소개(Introduction to Evidence Law), 관련성(Relevance), 성격증거(Character Evidence), 물리적 증거(Tangible Evidence), 증인(Witnesses), 증언거부특권(Testimonial Privileges), 전문증거(Hearsay)에 대한 내용으로 이루어져 있습니다. 위의 사항들에 대한 주요 내용을 상세히 다루고, 증거법에 대한 전반적인 내용을 학습할 수 있도록 구성하였습니다.

이 책은 미국 증거법의 기본 내용을 체계적으로 학습하고자 하는 분들을 위한 책입니다. 특히, 미국변호사 자격을 취득하고자 하는 분들은 이 책을 통해 시험에 필요한 이론들을 체계적으로 학습할 수 있는 교재로 활용할 수 있을 겁니다. 미국 로스쿨 입학을 앞두고 있는 분들은 기본적인 지식을 얻는 준비서로서 증거법에 대한 용어에 익숙해질 수 있는 기회가 될 것이고, 미국법을 학습하고자 하는 분들은 미국의 증거법에 대한 전반적인 이론을 접하는 학습서로서 활용할 수 있을 겁니다.

이 책 내용의 서술은 영어 원문과 한국어 설명을 덧붙이는 방식으로 하였습니다. 영어 원문을 통해서 관련 법리를 이해하고 익히기를 바랍니다. 한국어 설명은 영어 원문의 이해를 돕는 데 활용하실 수 있을 겁니다. 이 책을 통해 미국의 증거법을 학습하는 방법은 본문에 나오는 각 법리들에 대한 영어 원문의 의미를 우선 이해하고 내용에 익숙해지게 끔 학습하는 것이 중요합니다. 중요 영어 원문은 박스안에 기재를 해서 식별이 잘 되게끔 하였습니다. 영어 원문의 법 이론에 대한 이해는 한국어 설명을 보면 이해에 도움이 될 것입니다. 한국어 설명에는 이론에 대한 추가 설명과 예시들이 있으니 잘 읽어 보기를 권합니다.

법률 용어에 대한 한국어 번역이나 설명을 할 때 최대한 미국법 용어와 유사한 용어를 선택하려고 노력했습니다. 그러나 한국어 용어가 적절하지 않거나 부자연스러운 부분이 있을 수도 있을 것이라 생각이 됩니다. 이런 부분은 확인이 되면 고치고 보완하도록 하겠습니다.

미국법을 공부하거나 미국변호사 시험을 준비하는 이들에게 이 책이 좋은 길잡이가 되길 바라며, 이미 미국법에 대한 이해가 있는 분들에게는 좀더 깊은 지식과 이해의 폭을 넓히는 데 도움이 되기를 희망해 봅니다. 나아가 여러분의 미국법 학습 여정에 있어 이 책과 앞으로 집필해서 출간하는 미국법 책들이 신뢰할 수 있는 좋은 동반자가 되기를 바랍니다.

이 책을 출간하는 데 도움을 주신 법률신문 출판팀과 교육팀 여러분에게 깊은 감사를 드립니다.

CONTENTS

EVIDENCE LAW

미국 증거법

Evidence Law

I | 증거법 소개 (INTRODUCTION TO EVIDENCE LAW)

A 증거법의 정의(Definition of Evidence Law)

Evidence law is a set of rules and standards used to determine which proof can be legally presented in court during a trial. These rules govern the admissibility of evidence, guiding how material facts in controversy are established through testimony, writings, physical objects, and other forms of proof presented to the jury.

These rules ensure that only reliable, relevant, and legally permissible evidence is presented in court, thereby supporting a fair trial process. The material facts in the controversy are determined by proof that is filtered through the applicable rules of evidence. The proof includes testimony, writings, physical objects, and anything else presented to the senses of the jury.

Most jurisdictions have enacted modern evidence codes. These are comprehensive sets of statutes or rules that cover all major areas of evidence law. The Federal Rules of Evidence (FRE)[1)] are the most important codification of evidence law in the United States. The FRE applies to all civil and criminal cases in federal courts. The FRE aims to provide a uniform set of rules that govern the admission of evidence in federal courts, promoting fairness, efficiency, and consistency.

1) 이 책의 내용은 연방증거법(Federal Rules of Evidence)의 내용 위주로 작성되었으며, 연방증거법은 약칭으로 FRE로 언급하고 있다.

증거법은 재판 중에 법정에서 어떤 증거를 적법하게 제출할 수 있는지를 결정하기 위해 사용되는 일련의 규칙과 기준이다. 이 규칙들은 증거능력에 대한 기준을 제시하며, 쟁점에서 중요한 사실이 증인의 증언, 서면증거, 물적증거 및 배심원에게 제출된 기타 유형의 증거 등을 통해 어떻게 확립되는지에 대한 방법을 제시하는 역할을 한다.

이러한 규칙은 신뢰할 수 있고 관련성이 있으며 법적으로 허용되는 증거만을 법정에서 제출하도록 하여 공정한 재판 절차를 지원하는 것이다. 쟁점에서 중요한 사실은 증거 규칙을 따르는 증거에 의해 결정된다. 그 증거에는 증인의 증언, 서면증거, 물적증거 및 배심원에게 제출된 모든 것이 포함된다.

대부분의 관할권은 현대적인 증거법을 제정하였다. 이들은 증거법의 주요 영역을 모두 포괄하는 일련의 법령 또는 규칙들이다. 연방증거법은 미국에서 가장 중요한 증거법으로서, 모든 민사 소송과 형사 소송에 적용된다. 연방증거법은 연방법원에서 증거의 인정을 규율하는 일련의 규칙을 통일적으로 제공하여 공정성, 효율성, 일관성을 도모하는 것을 목표로 한다.

B 증거의 분류(Classifications of Evidence)

1) Direct or Circumstantial Evidence

Direct evidence is based on actual knowledge and goes directly to a material issue without the need for inference. For example, an eyewitness testifying that they saw the defendant commit the crime is providing direct evidence. This testimony directly establishes a fact.

Circumstantial evidence is indirect and relies on inference. It requires a logical step to connect the evidence to a fact in question. For example, finding the defendant's fingerprints at the crime scene is circumstantial evidence. The inference is that the defendant was present at the scene, which can help establish their involvement in the crime.

2) Testimonial, Documentary, or Real Evidence

Testimonial evidence is oral evidence given under oath by a witness during a trial or deposition. For example, a witness testifying in court about what they observed at the scene of an accident is providing testimonial evidence.

Documentary evidence consists of documents or writings presented to establish a fact. For example, a signed contract submitted to prove the terms of an agreement between parties is documentary evidence.

Real evidence is physical, tangible evidence that can be presented to the jury. It consists of things, as opposed to statements about things. For example, the actual weapon used in a crime, presented in court, is real evidence.

1) 직접 또는 정황증거(Direct or Circumstantial Evidence)

직접증거는 실제 지식을 바탕으로 하고 추론의 과정을 거칠 필요가 없이 직접적으로 중요한 쟁점으로 나아간다. 예를 들어, 피고인이 범행을 저지르는 것을 목격한 증인의 증언은 직접증거에 해당한다. 이러한 증거는 직접적으로 사실을 증명하는 것이다.

정황증거는 간접적이고 추론에 의존한다. 정황증거는 문제된 사실로 연결시키는 논리적 단계를 필요로 한다. 예를 들어, 범죄현장에서 발견된 피고인의 지문은 정황증거가 된다. 피고인이 현장에 있었다는 추론이 가능하게 되고, 이러한 추론은 피고인이 범죄에 대한 관여가 있었다는 것을 보여주는 데 도움이 될 수 있다.

2) 증언, 서면증거 또는 물리적증거 (Testimonial, Documentary, or Real Evidence)

증인의 증언은 재판이나 증언녹취에서 증인이 선서하고 하는 구두증거이다. 예를 들어, 법정에 출석하여 사고현장에서 목격한 것에 대하여 증언하는 증인은 증언을 통하여 증거를 제공하는 것이다.

서면증거는 문서 형태로 제출이 되는 증거이다. 예를 들어, 당사자 사이의 합의조건을 증명하기 위하여 제출되는 서명이 된 계약서가 문서증거이다.

물리적증거는 물리적, 유형적 증거이다. 사물에 대한 진술과는 달리 물체에 해당하는 것이다. 예를 들어, 법정에서 제출되는 범죄에 사용되는 실제 무기는 물리적증거에 해당한다.

C 제한적 증거능력(Limited Admissibility)

Evidence may be admissible for one purpose but not for another, or admissible against one party but not against another. When this occurs, and upon timely request, the court must restrict the evidence to its proper scope and instruct the jury accordingly (FRE 105).

When evidence is admitted under the doctrine of limited admissibility, the judge must give clear instructions to the jury on how they should use the evidence. This helps ensure the jury does not misuse the evidence or consider it for purposes for which it is not intended.

증거는 하나의 목적을 위해서는 증거능력이 있을 수 있으나 다른 목적을 위해서는 증거능력이 없을 수도 있고, 한 당사자에 대해서는 증거능력이 있지만 다른 당사자에 대해서는 증거능력이 없을 수도 있다. 이러한 경우, 그리고 적시에 요청하면 법원은 증거를 적절한 범위로 제한하고 그에 따라 배심원에게 설명을 하여야 한다(FRE 105).

제한적 증거능력의 원칙이 적용되는 경우, 판사는 배심원에게 증거를 어떻게 사용해야 하는지에 대해 명확한 설명을 하여야 한다. 이는 배심원이 증거를 오용하거나 의도하지 않은 목적으로 간주하지 않게 하는 것이다.

예 피고인이 강도죄(robbery)로 기소된 형사재판에서, 검찰은 피고인이 이전에 관련 없는 사건에서 선서를 하고 거짓말을 했다는 증거를 제출한다. 증인 탄핵 목적: 피고인의 위증의 증거를 사용하여 피고인의 신뢰성에 이의를 제기한다. 실체적 증거 목적: 피고인이 이전에 위증을 했다는 증거는 피고인이 강도를 저질렀다는 것을 증명하는 데에는 증거로 사용되지 않는다. 법원 조치: 변호인이 법원에 증거사용 제한을 요청하면, 판사는 배심원들에게 "피고인의 사전 위증의 증거는 그의 신뢰성을 평가하기 위해서만 고려할 수 있으며, 이 증거를 사용하여 피고인이 강도를 저질렀다고 단정해서는 안 된다."라고 설명을 한다.

예 사기 공모 혐의로 기소된 피고인 A, 피고인 B에 대한 재판에서, 피고인 A가 사기 사실을 인정하는 자필 자백서를 제출한다. 피고인 A: 피고인 A에 대하여는 자백이 직접적으로 수반되므로 이를 증거로 인정할 수 있다. 피고인 B: 피고인 B에 대하여는 전문증거가 되므로 이 자필자백서는 인정되지 않는다. 법원 조치: 피고인 B의 변호인은 자백의 증거능력을 제한하여 줄 것을 법원에 요청하며, 판사는 배심원들에게 "자백은 피고인 A에 대한 증거로만 인정될 수 있고, 피고인 B의 유무죄를 판단할 때에는 고려해서는 안 된다."고 설명한다.

D 증명책임(Burden of Proof)

The burden of proof in legal proceedings consists of two distinct components: the burden of production and the burden of persuasion.

1) Burden of Production

The party with the burden of production must produce legally sufficient evidence for each element of a claim or defense so that a reasonable trier of fact (judge or jury) could infer that the alleged fact has been proved.

Meeting the burden of production allows a plaintiff or prosecutor to establish a prima facie case. Failure to meet this burden can result in a directed verdict against the party bearing the burden.

The court determines whether the burden of production has been met. The burden of production may shift during the trial.

2) Burden of Persuasion

The burden of persuasion is the degree to which legally sufficient evidence must be presented to convince the trier of fact. Whether the burden has been met is typically determined by the trier of fact. This burden does not shift during the trial.

Standards of Proof

a) Civil Cases

The standard in most civil cases is a preponderance of the evidence. A higher standard used in some civil cases (such as fraud) is clear and convincing evidence. Under this standard, the existence of a fact must be highly probable or reasonably certain. For example, fraud, termination of parental rights, and probate disputes (such as the validity of a will).

b) Criminal Cases

In criminal cases, the prosecution must prove each element of a crime beyond a reasonable doubt to overcome the defendant's presumption of innocence.

법적 절차에서의 증명책임은 증거제출책임과 설득책임 두 가지가 있다.

1) 증거제출책임(Burden of Production)

증거제출책임을 부담하는 당사자는 청구 또는 항변의 각 요소에 대하여 법적으로 충분한 증거를 제출하여야 합리적인 사실판단자(판사 또는 배심원)가 주장된 사실이 증명되었음을 추론할 수 있다.

증거제출책임을 충족하면 원고나 검사는 일견 증거가 있다고 보여지는 사건을 성립시킬 수 있다. 만일 이 책임을 충족하지 못하면 이 책임을 부담하는 당사자에게 불리한 지시평결이 내려질 수 있다.

증거제출책임이 충족되었는지의 여부는 법원이 결정한다. 증거제출책임은 재판 과정에서 상대방에게 이전할 수 있다.

예 과실에 의한 불법행위 사건에서 원고가 피고의 과실에 대한 다툼이 없는 증거를 제출하면 증거제출책임은 피고에게 이전한다. 피고는 적극적 항변이 없는 경우 원고의 사건에 이의를 제기할 증거를 제출하여야 한다.

2) 설득책임(Burden of Persuasion)

설득책임은 사실판단자를 납득시키기 위하여 법적으로 충분한 증거를 제출해야 하는 정도를 말한다. 설득책임을 충족하였는지의 여부는 전형적으로 사실판단자에 의해 결정된다. 이 책임은 재판 과정에서 상대방에게 이전되지 않는다.

증명기준(Standards of Proof)

a) 민사사건(Civil Cases)

대부분의 민사사건의 증명기준은 증거의 우위이다. 일부 민사사건에서는 더 높은 기준인 명백하고 설득력 있는 증거이다. 이 기준에 의하면 사실의 존재는 높은 개연성 또는 합리적으로 확실해야 한다. 이 기준이 적용되는 예로는 사기, 친권의 종료, 유언의 유효성과 같은 유언검인 분쟁 사건 등이다.

b) 형사사건(Criminal Cases)

형사사건에서 검찰은 피고인의 무죄추정을 극복하기 위하여 합리적 의심이 없는 정도로 범죄의 각 요건을 증명하여야 한다.

E 추정(Presumptions)

A presumption is a legal conclusion that the trier of fact is required to draw based on a party's proof of an underlying fact or set of facts (i.e., basic facts). Presumptions can be either rebuttable or conclusive.

1) Rebuttable Presumption

A rebuttable presumption shifts the burden of production, but not the burden of persuasion, to the opposing party. This means that the opposing party must produce evidence to counter the presumption, but the ultimate burden of proving the case remains with the party that initially had it.

Under the "bursting bubble" approach followed by the Federal Rules in civil cases, a presumption loses its preclusive effect once the opposing party introduces sufficient evidence to support a contrary finding. At this point, the presumption "bursts," and the judge no longer instructs the jury to accept it as true. However, the jury may still be instructed that they can draw the conclusion if they choose to, based on the basic facts.

2) Conclusive Presumption

Conclusive (or irrebuttable) presumptions are treated as rules of substantive law. They cannot be challenged or disproven by any contrary evidence, regardless of its strength.

추정은 사실판단자가 당사자의 기초 사실 또는 일련의 사실에 대한 증명에 기초하여 도출하도록 요구되는 법적 결론이다. 추정은 반박이 가능한 추정이 될 수도 있고 반박이 허용되지 않는 결정적 추정일 수도 있다.

1) 반박 가능 추정(Rebuttable Presumption)

반박 가능 추정은 반대 당사자에게 증거제출책임을 전환시킬 수 있지만, 설득책임은 전환시킬 수 없다. 이는 반대 당사자가 추정에 대항하기 위한 증거를 제출해야 하지만, 사건의 증명에 대한 궁극적인 증명부담은 처음에 가지고 있던 당사자에게 남아 있다는 것을 의미한다.

민사사건에서 연방규칙이 따르는 "거품폭발" 접근에 따라, 반대 당사자가 반대 의견을 뒷받침할 만한 충분한 증거를 제출하면 추정의 배제적 효력은 상실한다. 이때 추정은 깨지고, 판사는 더 이상 배심원에게 그것을 사실로 받아들이도록 지시하지 않는다.

예 만약 한 사람이 7년 동안 실종되었다면, 그 사람은 사망했을 것이라는 추정이 있다. 만약 상대방이 그 사람이 아직 살아있을 수도 있다는 것을 암시하는 증거를 제출한다면 그 추정은 깨진다.

2) 결정적 추정(Conclusive Presumption)

결정적(또는 반박 불가능) 추정은 실체법의 규칙으로 취급된다. 결정적 추정은 증명력과는 관계없이 어떤 반대되는 증거에 의해서도 이의를 제기하거나 반증할 수 없다.

예 일부 주에서는 4세 미만의 아동이 고의적 불법행위를 저지르기 위해 필요한 고의를 형성할 능력이 부족하다는 결정적 추정이 있다. 이 추정을 반증할 어떠한 증거도 제출할 수 없어 실체법적 규정이 된다.

F 주지의 사실(Judicial Notice)

Judicial notice is the court's acceptance of a fact as true without requiring formal proof. This concept allows certain facts to be established in a case without the need for evidence because they are either generally known or easily verifiable.

The court may judicially notice a fact that is not subject to reasonable dispute because it (1) is generally known within the trial court's territorial jurisdiction or (2) can be accurately and readily determined from sources whose accuracy cannot reasonably be questioned. (FRE 201).

Judicial notice can be taken at any time during a proceeding, including on appeal, either upon a party's request or on the court's own initiative. Judges cannot take judicial notice based solely on their own personal knowledge.

In a civil case, the court must instruct the jury to accept the noticed fact as conclusive. In a criminal case, the court must instruct the jury that it may or may not accept the noticed fact as conclusive.

주지의 사실은 법원이 정식의 증명 절차를 요구하지 않고 사실을 진실로 받아들이는 것이다. 이 개념은 특정한 사실이 일반적으로 알려져 있거나 쉽게 증명될 수 있기 때문에 정식의 증명의 절차를 거칠 필요 없이 인정하는 것이다.

법원은 (1) 법원의 관할권 내에서 일반적으로 알려져 있거나 (2) 정확성을 합리적으로 의심할 수 없는 출처로부터 정확하고 쉽게 결정할 수 있어서 합리적인 분쟁의 대상이 되지 않는 사실을 주지의 사실로 인정한다(FRE 201).

주지의 사실은 당사자의 신청에 의하여 또는 법원이 직권으로 인정할 수 있는 항소를 포함한 모든 절차에서 인정될 수 있다. 판사는 자신의 개인적 지식만으로 어떤 사실을 주지의 사실로 인정할 수는 없다.

민사사건에서 법원은 배심원에게 주지의 사실을 결정적인 것으로 받아들이도록 지시하여야 한다. 형사사건에서는 법원은 배심원에게 고지된 사실을 결정적인 것으로 받아들이거나 받아들이지 않을 수 있음을 지시하여야 한다.

예 일반적으로 알려진 사실: 뉴욕시가 뉴욕주에 있다는 사실은 법원이 관할권 내에서 일반적으로 알려진 사실로서 증명의 절차를 거치지 않아도 주지의 사실로 인정할 수 있다.

예 쉽게 확인할 수 있는 사실: 해가 동쪽에서 뜨고 서쪽에서 진다는 사실은 과학적 참고 자료 등 신뢰할 수 있는 출처로부터 정확하고 쉽게 결정될 수 있으며, 합리적인 분쟁의 대상이 되지 않는 것으로 주지의 사실로 인정할 수 있다.

예 2022년 1월 1일이 토요일이었다는 사실은 신뢰할 수 있는 달력에서 정확하고 쉽게 결정할 수 있으며 합리적인 분쟁의 대상이 되지 않는다. 또한 로스앤젤레스와 샌프란시스코 사이의 거리가 약 380마일이라는 사실은 공식 지도나 지리적 자료를 통해 정확한 판별이 가능하다. 이러한 사실들은 주지의 사실로 인정이 된다.

II | 관련성(RELEVANCE)

A 관련성의 의미(Definition)

Relevant evidence is defined as evidence that (1) it has any tendency to make a fact more or less probable than it would be without the evidence and (2) the fact is of consequence in determining the action (FRE 401).

1) Probative Value

The evidence must have a tendency to make a fact more or less probable than it would be without the evidence. This means the evidence should affect the likelihood of a fact being true or false.

2) Materiality

The fact to which the evidence relates must be of consequence in determining the action. This means the fact must be significant or essential to the outcome of the case.

Relevance is the initial requirement for evidence to be admitted in court. However, relevant evidence may still be excluded if it fails other tests (e.g., hearsay, privilege) or if its probative value is substantially outweighed by potential prejudice or other concerns (FRE 403).

Judges have wide discretion to balance the probative value of evidence against pragmatic considerations such as prejudice, confusion, or waste of time. This determination is highly fact-specific and context-dependent.

> Exclusion of Relevant Evidence: Even if the evidence is relevant, it can be excluded if its probative value is substantially outweighed by the danger of unfair prejudice, confusion of the issues, misleading the jury, undue delay, wasting time, or needlessly presenting cumulative evidence (FRE 403).

관련성 있는 증거는 (1) 어떤 사실을 증거가 없는 것보다 개연성을 더 높게 하거나 낮게 하는 경향이 있고 (2) 그 사실이 소송을 결정하는 데 중요한 증거로 정의된다(FRE 401).

1) 증거가치(Probative Value)

증거는 증거가 없는 경우보다 사실을 더 개연성 있게 만들거나 덜 개연성 있게 만드는 경향을 가져야 한다. 이는 증거가 사실이 진실이거나 거짓일 가능성에 영향을 주어야 함을 의미한다.

> 예 절도사건에서 절도사건이 발생하기 직전에 범행현장 근처에서 피고인을 봤다는 목격자인 증인의 증언은 피고인이 절도사건에 연루되었을 개연성을 더욱 높여주기 때문에 증명가치가 있다.

> 예 강도 사건에서 피고인의 지문이 강도 중 깨진 유리창에서 발견된다.

지문은 피고인이 현장에 있었다는 것을 암시하는 정황증거이다. 피고인의 지문이 현장에 있었다는 것은 피고인을 범죄와 연결하기 위한 추론 과정을 통하여 피고인이 강도에 연루되었을 개연성을 더 높여주는 증거이다.

2) 중요성(Materiality)

증거와 관련된 사실은 소송을 결정하는 데 있어 중요한 것이어야 한다. 이는 사실이 사건의 결과에 중대하거나 필수적이어야 한다는 것을 의미한다.

> 예 계약위반 사건에서 일방 당사자가 합의한 날짜에 물품을 인도하지 못했다는 증거는 계약 위반 여부를 판단하는 데 중요한 사실이므로 중요하다.

관련성은 법정에서 증거로 인정되기 위한 시작점에 있는 요건이다. 그러나 관련성 있는 증거는 다른 기준(예를 들어, 전문증거, 증언거부특권)에 충족하지 못하거나 잠재적 편견 또는 다른 우려가 증명가치보다 실질적으로 능가하는 경우에는 여전히 배제될 수 있다(FRE 403).

판사는 증거의 증명가치와 편견, 혼란 또는 시간낭비와 같은 실용적 고려사항과의 균형을 맞출 수 있는 광범위한 재량을 가지고 있다. 이러한 판단은 매우 사실 특정적이고 맥락 의존적인 것이다.

관련성 있는 증거의 배제(Exclusion of Relevant Evidence): 관련성 있는 증거라 하더라도, 불공정한 편견, 쟁점의 혼란, 배심원에 대한 오해의 제공, 부당한 지연, 시간낭비 또는 불필요한 누적 증거의 제출이 실질적으로 증명가치를 능가하는 경우에는 해당 증거는 배제될 수 있다 (FRE 403).

예 살인사건 재판에서 살인 현장의 그래픽 사진들이 범죄의 잔혹성을 보여주기 때문에 관련성이 있다고 볼 수 있다. 그러나 판사는 그래픽 사진들이 피고인에게 불리하게 배심원들에게 편견을 줄 수 있다고 판단하여 증거에서 배제하기로 결정한다. 즉, 이 사진들은 관련성이 있기는 하지만, 부당한 편견을 일으킬 수 있는 가능성이 증명가치보다 더 크기 때문에 배제가 된 것이다.

B 공공정책 배제(Public Policy Exclusions)

Public policy exclusions refer to specific rules that exclude certain types of evidence because their admission would be contrary to public policy interests. These exclusions are designed to promote societal values and protect certain relationships or behaviors deemed beneficial to the public.

공공정책 배제는 특정 유형의 증거를 인정하는 것이 공공정책적 이익에 반한다는 이유로 배제하는 규칙이다. 이러한 배제는 사회적 가치를 증진하고 공공에게 유익한 것으로 간주되는 특정 관계나 행위를 보호하기 위한 것이다.

1. 후속개선조치(Subsequent Remedial Measures)

When measures are taken that would have made an earlier injury or harm less likely to occur, evidence of these subsequent measures is not admissible to prove negligence, culpable conduct, a defective product or design, or the need for a warning or instruction (FRE 407).

The subsequent remedial measures (SRM) rule is designed to encourage parties to make safety improvements without fear of those actions being used against them in court.

Exceptions: Subsequent remedial measures may be admissible for other purposes, such as

1) Impeachment: To challenge the credibility of a witness;
2) Ownership or Control: To prove ownership or control of the cause of the harm, if disputed; or
3) Feasibility of Precautionary Measures: To prove the feasibility of precautionary measures, if disputed.

Product Liability: The exclusion of evidence of subsequent remedial measures applies to product liability based on negligence and strict liability product liability. To be excluded, the remedial measure must be undertaken after the plaintiff is injured. A remedial measure made after a product was manufactured but before the plaintiff was injured is not subject to exclusion under this rule.

이전에 발생했었던 상해나 위해를 줄이려고 어떤 조치를 했을 때, 이러한 후속 조치의 사실은 과실이나 법적 책임을 질 수 있는 행위, 결함 있는 제품 또는 설계 또는 경고 또는 지시의 필요성을 증명하기 위한 증거로 인정되지 않는다(FRE 407).

후속개선조치 규칙은 당사자들이 법정에서 자신에게 불리한 증거로 인정될 것을 두려워하지 않고 안전 개선을 하도록 권장하기 위한 것이다.

예 식료품점에서 손님이 미끄러져 넘어졌다. 고객이 넘어진 곳에 미끄럼방지 매트를 설치하였다. 이 매트설치는 매장의 과실 또는 과실행위를 증명하기 위한 증거로 인정되지 않는다.

예 원고가 전동공구의 결함으로 상해를 입었다. 제조사는 원고의 상해 후 결함을 수정하기 위해 공구를 재설계하였다. 전동공구에 결함이 있었다는 것을 증명하기 위한 증거로 재설계의 사실은 증거로 인정되지 않는다.

예외: 이러한 후속개선조치의 사실은 다음과 같은 다른 목적을 위해서는 증거로 인정될 수 있다.

1) **증인의 탄핵(Impeachment):** 증인의 신뢰성에 이의제기를 하기 위한 목적으로 인정될 수 있다.
2) **소유권 또는 지배권(Ownership or Control):** 손해의 원인에 대한 소유권 또는 지배권에 대해 당사자간에 분쟁이 있는 경우, 손해의 원인에 대한 소유권 또는 지배권을 증명하기 위한 목적으로 인정될 수 있다.

3) 예방조치의 실행가능성(Feasibility of Precautionary Measures): 예방조치의 실행가능성에 대한 분쟁이 있는 경우 예방조치가 가능했다는 것을 증명하기 위한 목적으로 인정될 수 있다.

제조물 책임(Product Liability): 후속개선조치에 대한 증거의 배제는 과실이나 제조물 책임에 근거한 제조물에 대한 책임에 대해서도 적용된다. 증거 허용이 배제되기 위해서는 원고가 상해를 입은 후에 그 개선조치가 이루어져야 한다. 제조물이 제조되고 나서 원고가 상해를 입기 전에 이루어진 개선조치는 이 규칙에 따른 증거 배제 대상이 아니다.

예 보행자가 차량에 치여 부상을 입었다. 차량 소유자는 사고 후 새로운 브레이크를 설치하였다. 소유자의 차량 유지관리 소홀을 증명하기 위해 새로운 브레이크를 장착하는 것은 증거로 인정되지 않는다. 예외: 사고 당시 누가 차량을 소유했는지 또는 통제했는지에 대해 다툼이 있는 경우 새로운 브레이크 설치는 해당 문제를 해결하기 위한 증거로 인정될 수 있다.

예 가게가 기계에 안전가드를 설치하는 것은 실행가능성이 없다고 주장한다면, 가게가 사고 후에 안전가드를 설치했다는 사실을 가게의 주장을 반박하기 위한 증거로서 인정될 수 있다.

2. 타협 제안 및 협상(Compromise Offers and Negotiations)

Compromise offers made by any party, as well as any conduct or statements made during compromise negotiations, are generally not admissible to prove or disprove the validity or amount of a disputed claim, nor for impeachment by prior inconsistent statement or contradiction (FRE 408).

This rule encourages parties to freely discuss settlements without fear that their statements will be used against them in court.

Exceptions: Admissible for Other Purposes

1) Bias or Prejudice: Evidence of settlement offers and negotiations is admissible to prove the bias or prejudice of a witness;
2) Negate a Claim of Undue Delay: If one party claims undue delay by the other, evidence of settlement negotiations can negate this claim; or
3) Prove Obstruction: Evidence may be used to prove obstruction of a criminal investigation or prosecution.

Negotiation with a Governmental Agency: Conduct or statements made during compromise negotiations with a governmental agency during its regulatory, investigative, or enforcement authority may be introduced in a subsequent criminal case against the person.

어떤 당사자에 의한 타협 제안이나 타협 협상 중에 행해진 행위나 진술은 일반적으로 분쟁적인 청구의 유효성이나 정도를 증명 또는 반증하거나, 종전의 모순된 진술이나 모순에 대한 증인 탄핵에 대해서는 인정되지 않는다(FRE 408).

이 규칙은 당사자들이 법정에서 자신의 진술이 자신에게 불리한 증거로 인정될 것을 우려하지 않고 자유롭게 합의에 의한 해결을 논의하도록 유도하기 위한 것이다.

예외: 다른 목적을 위한 증거능력(Admissible for Other Purposes)

1) **편향 또는 편견(Bias or Prejudice):** 타협 제안 및 협상의 증거는 증인의 편향 또는 편견을 증명하기 위한 목적으로 인정될 수 있다.
2) **부당한 지연에 대한 주장 부정(Negate a Claim of Undue Delay):** 어느 당사자가 반대 당사자에 의한 부당한 지연을 주장한다면, 합의를 위한 협상의 증거로 이러한 주장을 부정할 수 있다.
3) **방해의 증명(Prove Obstruction):** 범죄수사나 기소의 방해를 증명하기 위한 목적으로 인정될 수 있다.

> 예 한쪽 당사자가 반대 당사자에게 상해 분쟁을 해결하기 위해 금전을 지불하겠다고 제안을 한 경우, 이러한 타협의 제안은 소송에서 상해에 대한 책임이 있다는 것을 보여주기 위한 증거로 인정될 수 없다.

> 예 한 증인이 상해사건에서 증언하고 있다. 이 증인은 피고인과 이전에 화해 합의를 맺었다. 이러한 합의의 증거를 이용하여 증인이 피고인에게 유리하게 증언할 편향이 있음을 보여줄 수 있다.

정부기관과의 협상(Negotiation with a Governmental Agency): 정부기관의 규제 또는 조사 중에 정부기관과의 타협을 위한 협상에서 한 행위나 진술은 그 자에 대한 후속 형사사건에서 불리한 증거로 소개될 수 있다.

3. 의료비 지급 제안(Offers to Pay Medical Expenses)

Evidence of the payment, offer to pay, or promise to pay medical or similar expenses resulting from an injury is not admissible to prove liability for the injury (FRE 409).

This rule encourages individuals and organizations to assist those who have been injured without fearing that their offer or payment will be used as an admission of liability.

Comparison to Compromise Negotiations: Unlike a compromise negotiation, any conduct or statement that accompanies the payment, offer to pay, or promise to pay medical expenses is admissible.

상해로 인한 의료비 또는 유사한 비용의 지불, 지불 제안 또는 지불 약속에 대한 증거는 상해에 대한 책임을 증명하기 위해서 인정되지 않는다(FRE 409).

이 규칙은 개인과 단체가 의료비 제안이나 의료비 지급이 책임을 인정하는 것으로 인정될 것을 우려하지 않고 상해를 입은 사람들을 돕도록 하기 위한 것이다.

예 집 소유자가 자신의 집에 온 방문객이 미끄러져 넘어진 경우 방문객의 의료비를 지불하겠다고 제안한 사실이 부동산 소유자가 과실이 있었음을 증명하는 증거로 인정될 수 없다.

타협 제안 및 협상과의 비교(Comparison to Compromise Offers and Negotiations): 타협 제안 및 협상과는 달리, 의료비의 지불, 지불 제안 또는 의료비 지불 약속에 수반되는 행위나 진술은 증거로 인정이 될 수 있다. 즉 이 규칙에 의하여 증거에서 배제되는 것은 의료비의 지불, 지불 제안 또는 의료비 지불 약속에 대한 사항만이 증거에서 배제되는 것이다.

예 가게 안에서 손님이 미끄러져 넘어지는 사고가 발생하였다. 가게 주인이 고객의 의료비를 부담하겠다고 제안하였다. 낙상에 대한 가게의 과실 책임을 증명하기 위해 의료비를 지급하겠다는 제안을 증거로 제출하는 것은 인정되지 않는다.

예 한 운전자가 택시와 교통사고가 나자 택시 기사에게 "I'll cover your hospital bills."라고 말하였다. 이 제안은 사고에 대한 운전자의 책임을 증명하기 위해 인정되지 않는다. 그런데 운전자가 "I didn't see the stop sign, it's my fault,"라고 덧붙여 말한 경우, 이 진술은 운전자의 과실과 관련한 증거로 인정이 될 수 있다.

4. 유죄협상(Plea Negotiation)

In both civil and criminal cases, certain types of evidence related to plea negotiations are generally inadmissible against the defendant who made the plea or participated in the plea discussions (FRE 410).

This rule aims to encourage open and honest plea negotiations without fear that statements made during these discussions will later be used against the defendant.

Evidence of the following is generally not admissible against the defendant who made the plea or participated in the plea discussions:

1) Withdrawn Guilty Pleas: A guilty plea that the defendant later withdraws.
2) Pleas of No Contest (Nolo Contendere): A plea where the defendant does not admit guilt but also does not contest the charges.
3) Statements Made During Plea Negotiations: Any statements made while negotiating a plea with a prosecutor.
4) Statements Made During Plea Proceedings: Statements made during a plea proceeding.

민사와 형사 사건 모두에서 유죄협상을 하거나 유죄협상에 참여한 피고에 대하여는 유죄협상과 관련된 특정 유형의 증거는 일반적으로 인정되지 않는다(FRE 410).

이 규칙은 유죄협상 과정에서 이루어진 진술이 나중에 피고에게 불리하게 사용될 것을 우려하지 않고 개방적이고 정직한 유죄협상을 하게 할 목적을 가지고 있다.

다음의 증거는 유죄협상을 하거나 유죄협상에 참여한 피고인에 대하여 증거로 인정되지 않는다.

1) **철회한 유죄인정(Withdrawn Guilty Pleas)**: 피고인이 나중에 철회한 유죄인정의 사실은 피고인에게 불리한 증거로 인정될 수 없다.

2) **불항쟁답변(Pleas of No Contest (Nolo Contendere))**: 피고인이 유죄를 인정하지 않을 뿐만 아니라 혐의에 대해서도 다투지 않은 사실은 피고인에게 불리한 증거로 인정될 수 없다.

3) **유죄협상 중에 한 진술(Statements Made During Plea Negotiations)**: 검사와 유죄협상을 하는 동안 한 진술은 피고인에게 불리한 증거로 인정될 수 없다.

4) **유죄협상 절차에서 한 진술(Statements Made During Plea Proceedings)**: 유죄협상 절차에서 한 진술은 피고인에게 불리한 증거로 인정될 수 없다.

예 피고인은 처음에는 절도죄에 대한 유죄인정을 했다가 나중에 이를 철회하였다. 철회된 유죄인정은 절도죄 재판에서 피고인의 유죄의 증거로 인정될 수 없다.

예 피고인은 유죄협상 중에 범죄에 대한 인정(admission)에 대한 진술을 하였다. 유죄협상 합의가 이루어지지 않아 사건이 재판에 회부된 경우 유죄협상 중에 한 범죄에 대한 인정 사실은 피고인에게 불리한 증거로 사용될 수 없다.

5. 책임보험(Liability Insurance)

Evidence that a person was or was not insured against liability is generally not admissible to prove whether the person acted negligently or otherwise wrongfully. (FRE 411).

The rule aims to prevent unfair prejudice that might arise if a jury infers that a party is more likely to be at fault simply because they have insurance.

Exception: Admissible for Other Purposes

1) Agency, Ownership, or Control: Evidence of insurance may be admissible to establish the relationship between parties, or to prove who owns or controls the property or entity involved.
2) Witness's Bias or Prejudice: If a witness has a relationship with an insurance company, this evidence might be used to demonstrate potential bias or prejudice.

어떤 사람이 책임보험에 가입하였거나 가입하지 않았다는 증거는 일반적으로 그 사람이 과실 또는 그 밖의 부적절한 행위를 하였는지를 증명하는 데에는 인정되지 않는다(FRE 411).

이 규칙은 단순히 보험에 가입했다는 이유만으로 배심원이 당사자에게 과실이 있을 가능성이 높다고 추론할 경우 발생할 수 있는 부당한 편향을 방지하기 위한 것이다.

> 예 자동차 사고 사건에서 피고인이 자동차보험에 가입되어 있다는 사실은 피고인에게 과실이 있었다는 증거로 인정될 수 없다.

예외: 다른 목적을 위한 증거능력(Admissible for Other Purposes)

대리인, 소유권 또는 지배(Agency, Ownership, or Control): 당사자 간의 관계를 설정하거나 관련된 재산 또는 실체를 누가 소유하거나 지배하는지를 증명하기 위한 목적으로 보험에 대한 증거는 인정될 수 있다.

> 예 원고가 건물에서 미끄러져 넘어져 상해를 입었는데 건물에 대한 소유권이 누구인지에 대해 다툼이 있다. 건물 주인이 사고가 발생한 건물에 대한 소유권을 갖고 있다는 것을 보여주기 위해 책임보험 가입 사실을 증거로 사용할 수 있다.

증인의 편향 또는 편견(Witness's Bias or Prejudice): 증인이 보험회사와 관계를 맺고 있다면, 이 보험에 대한 증거는 잠재적인 편향 또는 편견을 증명하기 위한 목적으로 인정될 수 있다.

> 예 피고인을 위하여 증언하는 증인이 피고인의 보험회사에 고용되어 있는 경우, 원고는 자신이 이 보험회사의 책임보험에 가입하고 있다는 사실을 증거로 제출하여 증인의 편향 또는 편견을 보여줄 수 있다.

Ⅲ | 성격증거(CHARACTER EVIDENCE)

A 소개(Introduction)

Character evidence is generalized information about a person's behavior that reflects their general propensity or disposition, such as honesty or dishonesty, peacefulness or violence, carefulness or carelessness. This type of evidence is generally inadmissible in court (FRE 404(a)).

Character evidence is not admissible to prove that on a particular occasion the person acted in accordance with the character or trait. For example, the fact that A is known to be a careless driver is not admissible to suggest that A ran a red light and caused an accident.

성격증거란 사람의 일반적인 성향을 반영하는 일반화된 정보로서 정직성이나 부정직성, 평화성이나 폭력성, 조심성이나 부주의 등이 이에 해당한다. 이러한 유형의 증거는 일반적으로 법정에서 인정되지 않는다(FRE 404(a)).

성격증거는 특정한 경우에 그 사람이 성격이나 특질에 따라 행위를 하였다는 것을 증명하기 위한 것으로 인정되지 않는다. 예를 들어, A가 부주의한 운전자라고 알려진 사실은 A가 적색 신호등에 멈추지 않고 달려서 사고를 냈다는 증거로 인정될 수 없다.

B 형사사건에서의 성격증거(Character Evidence in Criminal Cases)

1. 피고인의 성격증거(Defendant's Character Evidence)

The prosecution is not permitted to introduce evidence of a defendant's bad character to prove that the defendant has a propensity to commit crimes and therefore is likely to have committed the crime in question.

Although the prosecution cannot introduce evidence of the defendant's bad character, the defendant can make his character an issue by offering evidence of his good character. This is permissible to show that the defendant's character is inconsistent with the type of crime charged.

1) Pertinent Character

The character evidence introduced by the defendant must be pertinent to the crime charged.

2) Form of Character Evidence

The proof of good character offered by the defendant must be in the form of reputation testimony or opinion testimony. Reputation testimony is evidence about the defendant's reputation in the community. Opinion testimony is evidence about the witness's personal opinion of the defendant's character.

3) Prosecution's Rebuttal

When the defendant introduces evidence of his good character, he "opens the door," allowing the prosecution to rebut the defendant's claims by attacking the defendant's character.

If the defendant has introduced character evidence, the prosecution may rebut by:

a) Prosecution's Witnesses: To testify to the defendant's relevant bad character in the form of reputation or opinion testimony.

> b) Cross-Examining Defendant's Character Witnesses: By questioning their knowledge of specific acts by the defendant that are relevant to the character trait at issue, provided there is a good faith basis for believing the specific act took place.

검찰은 피고인이 범죄를 저지를 성향이 있고 이러한 성향에 따라 그 범죄를 저질렀다는 것을 증명하기 위하여 피고인의 나쁜 성격을 증거로 제출하는 것은 허용되지 않는다.

예 피고인이 친구를 살해한 혐의로 기소된 경우, 검찰은 피고인이 살인죄를 저질렀을 가능성을 보여주기 위해 피고인의 폭력성에 대한 성격증거를 제출할 수 없다.

비록 검찰이 피고인의 나쁜 성격에 대한 증거를 제출할 수는 없지만, 피고인은 그의 좋은 성격에 대한 증거를 제출함으로써 그의 성격을 쟁점사항으로 할 수 있다. 이는 피고인의 성격이 기소된 범죄유형과 일치하지 않음을 보여주는 것이 허용되는 것이다.

예 피고인이 친구를 살해한 혐의로 기소된 경우, 피고인은 평화로운 성격의 증거를 제출하여 자신이 살인을 저지를 유형의 사람이 아니라고 주장할 수 있다.

1) 적합한 성격(Pertinent Character)

피고인이 제출하는 성격증거는 기소된 범죄 유형과 관련성이 있는 적합한 성격이어야 한다. 즉, 피고인의 기소된 해당 범죄와 관련성이 있는 성격이어야 하며, 관련성이 없는 성격증거는 부적합한 성격으로 증거로 인정이 되지 않는다.

예 피고인이 자신의 고용주로부터 돈을 횡령한 혐의로 기소된 경우, 피고인은 자신이 평화로운 성격을 가지고 있다는 것을 증거로 제출할 수 없다. 평화로운 성격은 횡령죄와는 관련성이 없는 부적합한 성격이다.

2) 성격증거의 형태(Form of Character Evidence)

피고인이 제출하는 좋은 성격은 평판이나 의견의 형태로 제출되어야 한다. 평판의 형태에 의한 증언은 공동체 내에서 피고인의 평판에 대한 증거이다. 의견의 형태에 의한 증언은 피고인의 성격에 대한 증인의 개인적인 의견으로서의 증거이다.

3) 검찰의 반박(Prosecution's Rebuttal)

피고인이 자신의 좋은 성격에 대한 증거를 제출하면 즉 피고인이 성격증거에 대한 "문을 열면," 검찰은 피고인의 성격에 대한 공격으로 피고인의 주장을 반박할 수 있게 된다.

피고인이 성격증거를 제출하면 검찰은 다음과 같이 반박을 할 수 있다.

a) 검찰 증인의 증언(Prosecution's Witnesses): 검찰이 검찰측 증인을 불러 피고인의 나쁜 성격에 대한 적합한 성격증거를 적합한 형태인 평판이나 의견의 형태로 증언하게 하는 것이다.

b) 피고인의 성격증인에 대한 반대신문(Cross-Examining Defendant's Character Witnesses): 피고인의 기소된 범죄와 관련이 있는 특정한 행위에 대하여 피고인측의 증인에게 질문을 하는 것을 통해서 반박할 수 있다. 다만, 검찰이 질문하는 특정한 행위는 발생을 했다는 것에 신의성실의 근거가 있어야 한다.

예 살인죄로 기소된 피고인이 평화적인 성격이 있다는 것을 증거로 제출하면 검찰은 피고인의 폭력행위에 대한 증거를 제출하여 이 주장을 반박할 수 있다.

예 피고인이 사기죄로 재판을 받고 있는데, 피고인이 증인을 불러 자신은 정직하고 법을 잘 지키는 것으로 지역사회에서 평판이 있다는 것을 증거로 제출할 수 있다. 검찰의 반박: 검찰은 피고인이 이전에 보험사에 제출한 서류에 거짓 정보를 기재한 행위를 증거로 제출하여 피고인의 주장을 반박할 수 있다.

2. 피해자의 성격증거(Victim's Character Evidence)

A criminal defendant may introduce reputation or opinion evidence of the alleged victim's character to prove that the victim was the first aggressor.

The prosecution may offer rebuttal evidence of the victim's good character only after the defendant has introduced evidence of the victim's bad character.

Victim's Character in Sexual Misconduct Case (Rape Shield Rule): The introduction of evidence regarding the character of an alleged victim of sexual misconduct is subject to significant limitations. Evidence offered to prove the sexual behavior or sexual predisposition of a victim is not admissible. Sexual behavior includes sexual intercourse or contact, and activities implying such contact (e.g., use of contraceptives, existence of a sexually transmitted disease). Sexual predisposition can include the victim's mode of dress, speech, or lifestyle.

형사 피고인은 피해자라 주장하는 자가 최초의 가해자였음을 증명하기 위해 피해자의 성격에 대한 평판이나 의견을 증거로 제출할 수 있다.

> 예 폭행죄로 기소된 피고인은 정당방위(self-defense) 주장을 뒷받침하기 위해 피해자의 폭력적 성격에 대한 증거를 제출할 수 있다.

검찰은 피고인이 피해자의 나쁜 성격에 대한 증거를 제출한 후에야 비로소 피해자의 좋은 성격에 대한 반박 증거를 제출할 수 있다.

> 예 피고인이 정당방위의 주장을 뒷받침하기 위해 피해자의 폭력성에 대한 성격증거를 제출하면, 검사는 피해자가 평화로운 성격이 있다는 것을 증거로 제출하여 피고인의 주장을 반박할 수 있다.

성범죄 사건의 피해자 성격(강간피해자보호법)(Victim's Character in Sexual Misconduct Case (Rape Shield Rule)): 성범죄 피해자로 주장되는 자의 성격증

거를 제출하는 경우 상당한 제한을 받는다. 피해자의 성적 행위 또는 성적 성향을 증명하기 위하여 제출되는 증거는 증거로 인정되지 않는다. 성적 행위는 성관계 또는 접촉, 그러한 접촉을 암시하는 행위(예: 피임약의 사용, 성병의 존재)을 포함한다. 성적 성향은 피해자의 복장, 말투 또는 생활 방식을 포함할 수 있다.

C 민사사건에서의 성격증거(Character Evidence in Civil Cases)

In a civil case, evidence of a person's character is generally inadmissible to prove that the person acted in accordance with that character on a particular occasion. Character evidence in civil cases is generally more restricted compared to criminal cases.

Character evidence is admissible when character is an essential element of a claim or defense, rather than simply being used to prove a person's conduct on a specific occasion.

1) Defamation Cases: The plaintiff's character is often an essential element because the case revolves around false statements that allegedly harmed the plaintiff's reputation.

2) Negligent Hiring or Negligent Entrustment: The character of the person hired or entrusted is an essential element, as the claim involves allegations that the employer or entruster should have known about the individual's propensity for certain conduct.

3) Child Custody Cases: The character of the parent or guardian is an essential element, as the court must determine the best interests of the child.

민사사건에서 사람의 성격에 관한 증거는 그 사람이 특정한 경우에 그 성격에 따라 행위를 했다는 것을 증명하기 위해 증거로 인정될 수 없다. 민사사건에서의 성격증거는 형사사건에 비하여 일반적으로 더 제한적이다.

성격증거는 성격이 특정한 경우에 단순히 사람의 행위를 증명하는 데 사용되는 것이 아니라, 청구 또는 항변의 필수적인 요소일 때는 증거로 인정이 된다.

명예훼손 사건(Defamation Cases): 명예훼손 사건은 원고의 평판에 해가 발생했다는 주장이 허위 진술이냐 라는 것을 중심으로 사건이 진행되기 때문에 원고의 성격은 종종 필수적인 요소가 된다.

> 예 명예훼손 소송에서 원고는 피고가 자신의 평판을 훼손하는 허위진술을 했다고 주장한다. 원고의 성격이 직접적으로 쟁점이 되고 있다. 피고는 자신의 진술이 진실하다는 것을 증명하기 위하여 원고의 평판에 대한 증거나 원고의 특정 행위에 대한 구체적인 사례를 증거로 제출할 수가 있다.

과실고용 또는 과실위탁(Negligent Hiring or Negligent Entrustment): 이 사건들은 고용주나 위탁자가 개인의 특정행위에 대한 성향에 대해 알았어야 한다는 주장과 관련된 주장이므로 고용되거나 위탁을 받은 사람의 성격은 필수적인 요소이다.

> 예 과실고용에 대한 사건 즉 피고가 사고를 낸 직원을 과실로 고용을 했다는 사건에서 원고는 그 직원이 차량 운전 시 부주의하고 무모하게 운전하는 성향이 있었다는 것을 증거로 제출할 수 있다.

자녀양육 사건(Child Custody Cases): 법원이 자녀의 최선의 이익을 결정하는 데 있어 부모 또는 보호자의 성격은 필수적인 요소이다.

> 예 자녀 양육권 분쟁에서, 한 부모는 다른 부모가 자신의 성격 때문에 양육권을 갖기에 부적합하다고 주장한다. 폭력이나 방임에 대한 평판 등 부모의 성격에 대한 증거는 자녀의 최선의 이익을 결정하는 데 직접적인 관련이 있기 때문에 증거로 인정된다.

D 습관증거(Habit Evidence)

Habit evidence refers to a person's regular, repeated response to a specific set of circumstances, or an organization's routine practice. Unlike character evidence, which suggests a general propensity to behave in a certain way, habit evidence is admissible to show that the person or organization acted in conformity with that habit or routine on a particular occasion (FRE 406).

Habit vs. Character Evidence:

1) Habit refers to a specific, repetitive response to a particular situation, indicating a consistent pattern of behavior. Habit is indicated by words such as "always" or "every time," which suggest a specific and consistent behavior pattern. For example, evidence that a person always fastens their seatbelt when getting into a car.
2) Character refers to a general propensity, which is broader and less specific than habit. For example, evidence that a person is generally careful.

습관증거는 특정한 상황에 대한 사람의 규칙적이고 반복적인 반응 또는 조직의 일상적인 관행을 의미한다. 특정한 방식으로 행동하는 일반적인 성향을 시사하는 성격증거와는 달리, 습관증거는 그 사람 또는 조직이 특정한 상황에서 그 습관 또는 일상에 부합하게 행위를 했다는 것을 보여주는 것으로 증거로 인정된다(FRE 406).

습관 대 성격증거(Habit vs. Character Evidence)

1) 습관은 일관된 행위 패턴을 나타내는 특정 상황에 대한 구체적이고 반복적인 반응을 의미한다. 습관은 구체적이고 일관된 행동 패턴을 암시하는 "always" 또는 "every time"과 같은 단어들에 의해 표시되고는 한다. 예를 들어, 사람이 차에 탈 때 항상 안전벨트를 맨다는 증거이다.

2) 성격은 일반적인 성향을 말하는데, 습관보다 더 광범위하고 덜 구체적이다. 예를 들어, 사람이 일반적으로 조심한다는 증거이다.

예 개인적 습관: 피고인이 적색 신호등에서 차를 운전하여 사고를 낸 혐의를 받고 있다. 증거: 피고인의 이웃은 피고인이 항상(always) 적색 신호등에서 멈춘다고 증언한다. 증거의 인정: 이 증언은 피고인이 쟁점이 된 적색 신호등에서 멈췄을 가능성을 보여주는 습관증거로 인정된다.

예 조직의 일상적 관행: 원고가 안전한 근로조건을 유지하지 못한 이유로 회사를 고소한다. 증거: 회사의 안전담당자는 매주 월요일 오전에 안전점검을 실시하는 것이 회사의 일상적인 관행이라고 증언한다. 증거의 인정: 이 증언은 사건 발생 전 월요일에 안전점검이 이뤄졌을 가능성을 보여주는 회사의 일상적인 관행에 대한 증거로 인정된다.

예 습관과 성격: 피고인이 과실에 의한 운전으로 재판을 받고 있다. 습관증거: 피고인이 항상 제한속도 이하로 운전한다는 증언. 성격증거: 피고인이 일반적으로 주의 깊은 운전자라는 증언. 증거의 인정: 습관증거는 피고인이 문제의 상황에서 제한속도 이하로 운전했을 가능성이 높다는 것을 보여주는 것으로 인정되고, 성격증거는 피고인이 특정한 경우에 주의 깊은 성격적 특성에 부합하는 행위를 했을 것이라고 하는 것은 일반적으로 인정되지 않는다.

E 비성향적 목적을 위한 비행(Bad Acts for Non-Character Purpose)

The introduction of a defendant's specific bad acts is allowed under certain circumstances, even if they cannot be used to prove the defendant's character in order to show that they acted in conformity with that character. These acts are admissible for non-character purposes (FRE 404(b)).

While evidence of prior bad acts is not admissible to show propensity, it can be admissible for other purposes, such as proving motive, opportunity, intent, preparation, plan, knowledge, identity, absence of mistake, or lack of accident. On request by a defendant in a criminal case, the prosecutor must provide reasonable notice of the general nature of any such evidence that the prosecutor intends to offer at trial before trial.

These permitted uses are often referred as MIMIC evidence (motive, intent, absence of mistake or accident, identity, or common plan).

1) Motive: Evidence that shows the defendant had a reason to commit the crime.
2) Intent: Evidence that helps establish the defendant's intent to commit the crime.
3) Absence of mistake or accident: Evidence that refutes a defense claim of mistake or accident.
4) Identity: Evidence that helps establish the defendant's identity as the perpetrator.
5) Common Plan or Scheme: Evidence that shows the defendant's actions were part of a larger plan.

피고의 구체적인 나쁜 행위 즉 비행의 제출은 피고가 성격에 부합하는 행위를 했다는 것을 보여주기 위하여 피고의 성격을 증명하기 위해 인정될 수 없다고 하더라도 일정한 상황에서 증거로 사용할 수 있다. 이러한 비행은 비성향적 목적을 위해 인정되는 것이다(FRE 404(b)).

과거의 비행에 대한 증거는 피고의 성향을 보여주기 위한 목적으로 인정될 수는 없지만, 동기, 기회, 의도, 준비, 계획, 지식, 신원, 착오의 부존재 또는 사고의 부재 등 다른 목적으로는 사용할 수 있다. 형사사건에서는 피고인의 요청이 있으면, 검사는 재판에서 이러한 비성향적 목적을 위하여 과거의 비행을 증거로 제출하고자 하는 경우 재판 전에 합리적인 통지를 해야 한다. 법원은 이를 미리 제공하지 않은 것에 대하여 정당한 이유가 있는 경우에는 재판 중에 통지하도록 허용할 수 있다.

비성향적 목적을 위한 비행의 사용은 종종 MIMIC 증거(동기, 의도, 착오의 부존재, 신원 또는 계획)로 언급된다.

1) **동기(Motive):** 범죄를 저지를 만한 이유가 있었음을 보여주는 증거.
2) **의도(Intent):** 범행의 의도를 보여주는 데 도움이 되는 증거.
3) **착오의 부존재(Absence of mistake or accident):** 착오나 사고에 대한 항변 주장을 반박하는 증거.
4) **신원(Identity):** 가해자로서의 신원을 확립하는 데 도움이 되는 증거.
5) **계획(Common Plan or Scheme):** 피고인의 행위가 범죄 계획의 일부였음을 보여주는 증거.

예 동기(motive): 피고인은 방화죄(arson)로 기소되었다. 증거에 따르면 피고인은 보험금을 받기 위해 이전에 불을 질렀다. 이전의 방화행위를 증거로 제출하여 피고인이 금전적 이익을 목적으로 현재의 방화죄를 저지른 동기를 보여줄 수 있다.

예 의도(intent): 피고인은 마약을 판매한 혐의로 재판을 받고 있다. 피고인은 그 소포에 마약이 들어 있었다는 것을 몰랐다고 주장한다. 피고인이 과거에 마약을 판매했다는 증거를 사용하여 마약 판매의 의도를 보여줄 수 있다.

예 착오의 부존재(absence of mistake): 피고인이 절도죄(larceny)로 기소되었는데, 착오로 가져갔다고 주장하고 있다. 동일한 방법을 사용한 이전의 절도를 증거로 사용하여 피고인의 행위가 고의적이었으며 착오가 아님을 보여줄 수 있다.

예 신원(identity): 피고인은 독특한 복장을 한 채로 강도를 하여 강도죄(robbery)로 기소되었다. 피고인이 과거에도 같은 복장으로 강도를 한 사실을 증거로 제출하는 것은 피고인이 현재 기소된 강도죄를 저지른 자라는 것을 증명하는 데 이용될 수 있다.

예 계획(common plan or scheme): 피고인은 방화(arson) 혐의로 재판을 받고 있다. 검찰은 피고인이 지난 몇 달간 비슷한 수법으로 다른 여러 재산에 불을 질렀다는 증거를 제출하고자 한다. 사전 방화의 증거는 체계적으로 방화를 하는 공통된 계획을 보여주기 위해 사용될 수 있다. 이러한 증거는 현재 사건에서 피고의 행위가 독립된 사건이 아니고 현재 진행 중인 계획의 일부였다는 것을 보여주는 증거가 될 수 있다.

Ⅳ | 물리적 증거(TANGIBLE EVIDENCE)

A 소개(Introduction)

Tangible evidence is evidence that is not presented through the testimony of a witness but instead consists of physical items or documents. It includes both physical objects and documentary evidence.

1) Authentication

Tangible evidence must be authenticated. Authentication is the process of producing sufficient evidence to support a finding that the tangible item is what its proponent claims it is. This ensures that the evidence presented in court is genuine and relevant to the case (FRE 901).

The purpose of the authentication is to ensure that only genuine and relevant evidence is considered by the court. The proponent must provide enough evidence to support the item's authenticity. The standard for authentication is less stringent than a preponderance of the evidence, making it easier to meet. This is often done through witness testimony or documentation.

2) Chain of Custody

The chain of custody must be established, particularly for physical objects, to show that the evidence has been handled properly and has not been tampered with.

물리적 증거는 증인의 증언을 통해서 제출되는 것이 아니라 실물이나 문서로 구성되는 증거이다. 여기에는 실물증거와 문서증거가 있다.

1) 진정성(Authentication)

물리적 증거는 반드시 진정한 것이어야 한다. 증거의 진정성은 물리적 증거가 그 증거의 제출자가 주장하는 것과 동일하다는 것을 증명하기 위해 충분한 증거를 제시하는 과정이다. 이는 법정에서 제시된 증거가 진실하고 사건과 관련이 있음을 보장하기 위한 것이다(FRE 901).

진정하고 관련성 있는 증거만이 법원에 의해 고려되도록 하는 것이 증거의 진정성의 목적이다. 물리적 증거의 제출자는 물리적 증거의 진정성을 뒷받침할 수 있는 충분한 증거를 제시하여야 한다. 진정성의 기준은 증거의 우위 원칙에 비해 덜 엄격한 기준이어서 충족하기에 용이하다. 이는 증인의 증언이나 문서를 통해 이루어지는 경우가 많다.

예 증인은 증거로 제출하는 편지가 피고인으로부터 받은 원본 서신이라고 증언하는 것을 통해 편지의 진정성을 충족시킬 수 있다.

2) 관리 계속성(Chain of Custody)

특히 물증인 물건에 대해서는 관리의 계속성이 성립되어야 증거가 적절하게 처리되고 변조되지 않았음을 보여줄 수가 있다.

예 법 집행 기관은 범죄 현장에서부터 법정에 이르기까지 총기의 취급에 대한 문서를 제출하는 것에 의하여 법정에서 제출되는 총기의 진성성을 충족할 수 있다.

B 실물증거(Physical Objects)

A physical object may be authenticated by the testimony of someone with personal knowledge of the object. A physical object may be authenticated by testimony of its distinctive characteristics, such as unique features or details that distinguish it from other objects.

Chain of Custody: Authentication by chain of custody is necessary for physical objects that could easily be tampered with or confused with similar items, like blood samples. The witness must account for the whereabouts of the item from the time it was obtained until its introduction at the trial.

Reproductions and Explanatory Evidence: Reproductions (e.g., photographs, diagrams, maps, movies) can be authenticated by a witness with personal knowledge who can testify that the object accurately depicts what it claims to show. The creator of the reproduction does not necessarily need to authenticate it but can if necessary.

실물증거는 물건에 대한 개인적인 지식을 가진 누군가의 증언에 의해 진정성이 확인될 수 있다. 실물증거는 다른 물건들과 구별되는 고유한 특징 또는 세부사항들과 같은 그것의 고유한 특성들에 대한 증언에 의해 진성성이 확인될 수 있는 것이다.

예 시계를 도난당한 시계의 소유자가 법정에서 "Yes, that is my watch that was stolen." 와 같이 증언하는 것에 의해 진성성 요건을 충족시킬 수 있다.

예 전자적으로 저장된 문서가 법정에 제시가 될 때, 문서 고유의 특성인 메타데이터(meta-data)(예: 파일명, 파일형태, 작성 날짜, 문서열람권한 등)를 보여주는 것으로써 해당 문서의 진정성을 충족시킬 수 있다.

관리의 계속성(Chain of Custody): 혈액 샘플과 같이 유사한 물건으로 쉽게 변조하거나 혼동할 수 있는 실물증거인 경우에는 관리의 계속성에 의하여 진정성을 충족시키는 것이 필요하다. 증인은 물건을 취득한 때부터 법정에서 그 물건을 제출할 때까지 관리의 계속성을 설명하는 것에 의해 진정성을 충족시킬 수 있다.

예 경찰관이 범죄 현장에서 혈액 샘플을 채취한 후 증거로 제출할 때까지 샘플을 취급한 모든 사람과 보관 상태를 자세히 설명하면서 관리의 계속성에 대해 증언을 함으로써 진정성을 충족시킬 수 있다.

복제와 설명 증거(Reproductions and Explanatory Evidence): 복제물(예: 사진, 다이어그램, 지도)은 개인적 지식을 가진 증인에 의해 진정성을 충족시킬 수 있으며, 증인은 그 증거가 자신이 주장하는 것을 정확하게 묘사한다고 증언할 수 있다. 복제물의 제작자가 반드시 진정성을 확인할 필요는 없지만 필요한 경우에는 할 수 있다.

예 자동차 사고 장면을 찍은 사진이 법정에 제출된다. 현장에 있었던 목격자는 사진이 그 장면을 정확하게 묘사하고 있다고 증언하는 것으로 그 사진의 진정성을 충족시킬 수 있다.

C 문서증거(Documentary Evidence)

1. 문서의 진정성(Authentication of Documents)

Documentary evidence consists of documents or any recorded material that can be used to support facts in a legal proceeding. Like other kinds of evidence, documentary evidence must be relevant to be admissible. Authenticity is a key aspect of relevance for documents. The proponent must produce sufficient evidence to support a finding that the item is what they claim it is. This standard is less stringent than a preponderance of the evidence.

1) Ancient Documents

A document is considered authentic if it is (1) at least 20 years old, (2) in a condition unlikely to create suspicion as to its authenticity (facially free of suspicion), and (3) found in a place where it would likely be if it were authentic.

2) Reply Letter Doctrine

A document can be authenticated by showing it was written in response to a communication, indicating it was likely written by the recipient of the first communication.

3) Handwriting Verification

Comparison by an Expert Witness or Trier of Fact: An expert or the trier of fact compares the disputed writing with a known genuine sample.

Lay Witness Opinion: A lay witness familiar with the handwriting can testify to its authenticity.

4) Self-Authenticating Documents

Self-authenticating documents are types of evidence that are considered sufficiently reliable and do not require additional evidence or testimony to prove their authenticity (FRE 902).

a) Domestic Public Documents That Are Sealed and Signed

b) Domestic Public Documents That Are Not Sealed but Are Signed and Certified

c) Foreign Public Documents

d) Certified Copies of Public Records

e) Official Publications

f) Newspapers and Periodical

g) Trade Inscriptions and the Like

h) Acknowledged Documents

i) Commercial Paper and Related Documents

j) Presumptions Under a Federal Statute

k) Certified Domestic Records of a Regularly Conducted Activity

l) Certified Foreign Records of a Regularly Conducted Activity

m) Certified Records Generated by an Electronic Process or System

n) Certified Data Copied from an Electronic Device, Storage Medium, or File

문서증거는 법적 절차에서 사실을 뒷받침하기 위해 사용될 수 있는 문서 또는 기록 자료이다. 다른 종류의 증거와 마찬가지로 문서증거도 증거능력이 인정되기 위해서는 관련성이 있어야 한다. 진정성은 문서에 대한 관련성의 핵심적인 측면이다. 문서증거 제출자는 그 문서가 자신이 주장하는 것이라는 것을 뒷받침할 충분한 증거를 제시해야 한다. 이 기준은 증거의 우위 원칙 보다 덜 엄격한 기준이다.

1) 오래된 문서(Ancient Documents)

문서가 (1) 적어도 20년 이상 되었고, (2) 진정성 여부에 대해 의심을 불러 일으킬 가능성이 없는 상태이며(외견상 의심이 없는 경우), (3) 그 문서가 진정성이 있는 것이라면 발견될 장소에서 발견되었다면 진정성이 있는 것으로 간주된다.

> 예 공식 기록 보관소에서 발견된 30년 이상 된 토지 증서(land deed)를 증거로 제출하는 경우, 이 증서는 기간 요건을 충족하고, 진정성에 대한 외견상 의심의 여지가 없으며, 통상적으로 그러한 문서가 보관되는 장소에서 발견되었기 때문에 진정한 것으로 간주될 가능성이 높다.

2) 답신원칙(Reply Letter Doctrine)

서신에 대한 답신으로 작성된 것임을 보여줌으로써 진정성이 인정될 수 있으며, 이는 첫 번째 서신의 수신자가 작성했을 가능성이 있다는 것을 보여주는 것이다.

> 예 A 회사가 B 회사에 계약의 청약에 해당하는 서신을 보냈다. 이후 B 회사로부터 그 청약에 대한 답신의 서신을 받았다. B 회사의 답신 서신은 A 회사의 청약 서신에 대한 응답으로서 진정성이 인정될 수 있다.

3) 필적 감정(Handwriting Verification)

전문가 증인 또는 사실판단자에 의한 비교(Comparison by an Expert Witness or Trier of Fact): 전문가 또는 사실판단자가 분쟁이 되고 있는 필적을 알려진 진본 필적과 비교하여 진정성을 보여줄 수 있다.

> 예 배심원이 법정에서 제시된 논란이 되는 서명과 확인된 샘플 서명을 직접 비교하여 진정성 여부를 결정할 수 있다.

일반증인의 의견(Lay Witness Opinion): 필적에 익숙한 일반증인이 진정성에 대해 증언을 하여 보여줄 수 있다.

예 직장 동료가 동료의 필체를 잘 알고 있어, 논란이 되는 문서의 필적이 동료의 것인지 그 진정성을 결정할 수 있다.

4) 당연진정성성립 문서(Self-Authenticating Documents)

당연진정성성립 문서에 해당하는 문서는 충분히 신뢰할 수 있다고 보여지는 것으로 그 진정성을 증명하기 위하여 추가적인 증거나 증언을 요구하지 않는다 (FRE 902).

a) 봉인 및 서명된 국내 공문서

b) 날인되지 않은 서명 및 인증을 받은 국내 공문서

c) 외국공문서

d) 공공기록인증문서

e) 공식 간행물

f) 신문 및 정기간행물

g) 영업명세서 등

h) 인증문서

i) 기업어음 및 관련 서류

j) 연방법에 따른 추정

k) 정기적으로 실시하는 활동에 대한 인증된 국내 기록

l) 정기적으로 실시하는 활동에 대한 인증된 외국 기록

m) 전자 처리 또는 시스템에 의해 생성된 인증 기록

n) 전자 장치, 저장 매체 또는 파일에서 복사된 인증 데이터

2. 원본문서규칙(Best Evidence Rule)

The best evidence rule, more accurately called the "original document rule," requires that the original document (or a reliable duplicate) be produced to prove the contents of a writing, recording, or photograph, including electronic documents, x-rays, and videos.

1) Applicability of the Best Evidence Rule

The best evidence rule applies when:

a) The document is used as proof of an event. For example, a photograph of a bank robbery.

b) The document creates legal rights and obligations. For example, a contract, deed, or will.

c) The witness is testifying based on facts learned from the document, not personal knowledge

The rule does not apply when a witness with personal knowledge testifies to a fact that exists independently of a writing.

2) Original Writing

If a party seeks to prove the contents of a document, the party must produce the original writing.

An original includes the writing itself and any counterpart intended to have the same effect by the person who executed or issued it. Any legible printout that accurately reflects the information is considered an original. An original photograph includes the negative and any print made from it.

A duplicate is a counterpart produced by any process that accurately reproduces the original. A duplicate is admissible to the same extent as the original unless (1) there is a genuine question about the original's authenticity or (2) circumstances make it unfair to admit the duplicate, such as when only part of the original is duplicated.

3) Admissibility of Secondary Evidence

If the original is not available, the party must provide an acceptable excuse for its absence. If the court finds the excuse acceptable, the party may then use secondary evidence, such as oral testimony, to prove the contents.

When the original is not available, other evidence of the contents is admissible if:

a) All originals are lost or destroyed, and not by the proponent acting in bad faith;
b) The original cannot be obtained by any available judicial process;
c) The party against whom the original would be offered had control of the original, was put on notice, and failed to produce it; or
d) The writing, recording, or photograph is not closely related to a controlling issue (i.e., it is a collateral matter).

4) Summaries

The contents of voluminous writings, recordings, or photographs may be presented in the form of a chart, summary, or calculation if such contents cannot be conveniently examined in court. The originals or duplicates must be available for examination and copying by other parties at a reasonable time and place. The court may order the production of originals or duplicates in court.

5) Public Records

The contents of a public record may be proved by a certified copy or by a copy of the record plus the testimony of a person who has compared the copy with the original.

원본문서규칙은 전자 문서, 엑스레이, 비디오를 포함한 문서, 녹음 또는 사진의 내용을 증명하기 위해서는 원본문서(또는 신뢰할 수 있는 부본)를 제출할 것을 요구한다.

1) 원본문서규칙의 적용(Applicability of the Best Evidence Rule)

원본문서규칙은 다음과 같은 경우에 적용된다.

a) 문서가 사건의 증거로 사용되는 경우. 예를 들어, 은행 강도의 사진.

b) 문서가 법적 권리와 의무를 발생시키는 경우. 예를 들어, 계약, 증서, 유언.

c) 증인이 개인적인 지식이 아닌 문서로부터 알게 된 사실에 근거하여 증언을 하는 경우.

개인적 지식을 가진 증인이 서면과 독립적으로 존재하는 사실을 증언하는 경우에는 원본문서규칙이 적용되지 않는다.

> 예 목격자가 자신이 직접 목격한 사고에 대해 증언을 하는 경우이다.

2) 원본문서(Original Writing)

당사자가 문서의 내용을 증명하고자 하는 경우에는 원본문서를 제출하여야 한다.

원본문서는 원본문서와 이를 실행하거나 발행한 사람에 의해 동일한 효력을 갖도록 의도된 부본을 포함한다. 정보를 정확하게 반영하는 판독 가능한 출력물은 원본으로 간주된다. 원본사진은 음화(negative) 및 원본사진으로부터 출력된 출력물을 포함한다.

부본은 원본을 정확하게 재생산하는 과정에 의해서 생성된 복제본이다. 부본은 (1) 원본의 진정성에 의문이 있거나 (2) 원본의 일부만이 부본으로 된 경우와 같이 부본을 인정하기에 공정하지 못한 사정이 없는 한 원본과 동일한 것으로 인정된다.

3) 2차 증거의 증거능력(Admissibility of Secondary Evidence)

원본을 이용할 수 없는 경우 당사자는 원본의 부재에 대해 적절한 이유를 제시해야 한다. 법원이 그 이유를 받아들이면 당사자는 구두 증언과 같은 2차 증거를 제출하여 그 내용을 증명할 수 있다.

원본을 사용할 수 없는 경우, 다음과 같은 경우에 문서의 내용에 대한 다른 증거가 인정이 될 수 있다.

a) 모든 원본이 분실되었거나 파괴되었으며 주장자가 악의적으로 행위를 한 것이 아닌 경우

b) 원본이 사법 절차에 의해 획득될 수 없는 경우

c) 원본을 제공받을 당사자가 원본에 대한 통제를 하고 있었으며, 통지를 받았지만 이를 제출하지 못한 경우

d) 문서, 녹음 또는 사진이 주요 쟁점과 밀접한 관련이 없는 경우(즉, 부수적 사항)

4) 요약문서(Summaries)

방대한 문서, 녹음 또는 사진의 내용은 법정에서 편리하게 심사할 수 없는 경우 도표, 요약 또는 계산의 형태로 제출될 수 있다. 원본 또는 부본은 합리적인 시간과 장소에서 다른 당사자가 심사하고 복사할 수 있어야 한다. 법원은 법원에 원본 또는 부본의 제출을 명령할 수 있다.

5) 공공기록물(Public Records)

공문서의 내용은 인증 사본 또는 녹음의 사본과 원본을 사본과 대조한 자의 증언에 의하여 증명될 수 있다.

V | 증인(WITNESSES)

A 증인적격(Competency of Witness)

The competency of a witness refers to their legal ability to testify in court. To be considered competent, a witness must have the mental capacity to understand the oath or affirmation and the ability to perceive, remember, and communicate relevant information.

Every person is presumed competent to be a witness (FRE 601). This includes both adults and children, subject to certain qualifications and exceptions.

1) Criteria for Competency

a) Mental Capacity

The witness must have the mental ability to observe, recollect, and communicate. This includes having the cognitive ability to understand and answer questions.

b) Personal Knowledge

A witness must have personal knowledge of the matter they are testifying about. This means they must have directly perceived the event or information in question (FRE 602). The witness must have seen, heard, or otherwise sensed what they are testifying to.

c) Oath or Affirmation

A witness must give an oath or affirmation to testify truthfully before providing testimony (FRE 603). The witness must understand the duty to tell the truth and the consequences of lying under oath.

2) Competency of Specific Types of Witnesses

a) Children

The competency of a child as a witness depends on their intelligence, ability to differentiate between truth and falsehood, and understanding of the importance of telling the truth. There is no specific age of competency; the court determines competency based on these factors.[2)]

b) Mentally Incapacitated Individuals

Individuals with mental incapacities or disabilities may still be competent to testify if they understand the duty to tell the truth and can reliably communicate their observations. The court will assess the specific mental capacity of the witness in question.

c) Judge

The presiding judge is absolutely barred from testifying as a witness in the trial. (FRE 605).

d) Juror

At Trial: A juror cannot testify as a witness in front of the jury they are serving on. The opposing party must have an opportunity to object outside the presence of the jury. Jurors can testify about matters such as bribery or failure to follow court instructions outside the presence of the other jurors (FRE 606(a)).

After Trial: During an inquiry into the validity of a verdict, a juror generally cannot testify about (1) statements made or incidents that occurred during deliberations; (2) the effect of anything on their or another juror's vote; or (3) any juror's mental processes concerning the verdict (FRE 606(b)).

Exceptions: A juror may testify about whether (1) extraneous prejudicial information was brought to the jury's attention; (2) an outside influence was improperly brought to bear on a juror; or (3) a mistake was made in entering the verdict onto the verdict form.

2) Wheeler v. United States, 159 U.S. 523 (1895)

증인적격이란 증인이 법정에서 적법하게 증언할 수 있는 능력을 말한다. 증인적격이 있기 위해서 증인은 선서나 확언을 이해할 수 있는 정신적 능력과 관련 정보를 인지하고 기억하며 의사소통할 수 있는 능력을 갖추어야 한다.

모든 사람은 증인이 될 수 있는 능력이 있는 것으로 추정된다(FRE 601). 성인과 미성년자가 모두 포함되며, 일정한 자격과 예외가 있다.

1) 증인적격의 기준(Criteria for Competency)

a) 정신적 능력(Mental Capacity)

증인은 관찰, 기억, 의사소통을 할 수 있는 정신적 능력을 갖추어야 한다. 여기에는 질문을 이해하고 대답할 수 있는 인지적 능력이 포함된다.

b) 개인적 지식(Personal Knowledge)

증인은 자신이 증언하고 있는 사항에 대해 개인적 지식을 가지고 있어야 한다. 이것은 증인이 문제가 된 사건이나 정보를 직접적으로 인지했어야 한다는 것을 의미한다(FRE 602). 증인은 자신이 증언하고 있는 것을 보고, 듣고 또는 그 밖의 감각으로 인지했어야 한다.

c) 선서 또는 확언(Oath or Affirmation)

증인은 증언을 하기 전에 진실하게 증언할 것을 선서 또는 확언해야 한다(FRE 603). 증인은 선서에 따라 진실을 말할 의무가 있고 거짓을 얘기했을 때의 결과에 대한 이해를 하여야 한다.

2) 특정 유형의 증인적격(Competency of Specific Types of Witnesses)

a) 미성년자(Children)

증인으로서의 미성년자의 증인적격은 지능, 진실과 거짓을 구분하는 능력, 진실을 말하는 중요성에 대한 이해에 달려 있다. 증인적격에 대한 구체적인 나이의 기준은 없으며, 법원은 이러한 요소들을 바탕으로 증인적격을 결정한다.

b) 정신적 무능력자(Mentally Incapacitated Individuals)

정신적 능력이나 장애가 있는 자는 진실을 말할 의무를 이해하고 자신이 관찰한 것을 명확하게 전달할 수 있다면 여전히 증인적격이 있다. 법원은 해당 사건에서 증인의 구체적인 정신적 능력을 평가한다.

c) 판사(Judge)

재판을 진행하는 판사는 재판에서 증인으로 증언하는 것이 금지된다(FRE 605).

d) 배심원(Juror)

재판 중(At Trial): 배심원은 자신이 배심원으로 관여하는 사건에서 배심원단 앞에서 증인으로 증언할 수 없다. 배심원의 증언에 대해 이의를 제기하는 당사자는 배심원단이 없는 곳에서 이의를 제기할 기회를 가져야 한다. 배심원은 다른 배심원들이 없는 곳에서 뇌물수수나 법원의 지시를 따르지 않는 것과 같은 사항에 대해 증언할 수 있다(FRE 606(a)).

재판 후(After Trial): 평결의 유효성 조사 중에 배심원은 일반적으로 (1) 심리 중에 있었던 진술 또는 사건에 대한 사항 (2) 배심원의 투표에 영향을 미쳤던 사항 또는 (3) 평결에 관한 배심원의 정신적 과정에 대해 증언할 수 없다(FRE 606(b)).

예외: 배심원은 (1) 배심원의 주의를 끌게 한 외부의 편견적인 사항 (2) 배심원에게 부적절하게 끼친 외부적 영향 또는 (3) 평결을 정하는 과정에서 발생한 오류에 대해서는 증언을 할 수가 있다.

B 사망자 규정(Dead Man's Statutes)

At common law, a party with a financial interest in the outcome of a civil case could not testify about a communication or transaction with a deceased person whose estate was involved in the case, if the testimony was adverse to the estate. This rule does not apply in criminal cases. While the Federal Rules of Evidence do not include such a restriction, many jurisdictions have adopted Dead Man's Statutes.

1) Purpose

The statutes are intended to prevent potential fraud and perjury by interested parties who might fabricate or distort their interactions with the deceased, who is obviously unable to refute such claims. The purpose of Dead Man's Statutes is to protect a decedent's estate from potentially biased testimony by individuals with a financial interest in the estate. Protected parties generally include an heir, a devisee, an executor, or an administrator of an estate.

2) Testimony Restrictions

The statutes restrict interested parties from testifying about their interactions with the deceased, particularly communications and transactions. This can include verbal agreements, financial transactions, promises, or statements made by the deceased.

3) Interested Person

The statutes generally apply to parties who have a direct interest in the litigation's outcome. The definition of an "interested party" can vary, but it usually means someone who stands to gain or lose financially from the court's decision.

4) Exception and Waiver

Some Dead Man's Statutes include exceptions that allow such testimony under certain circumstances, such as when corroborated by other evidence or when the opposing party introduces evidence about the same transaction or communication. The statute can be waived if the representative of the deceased's estate fails to object to the testimony.

사망자 규정은 민사 소송에서 사망한 사람과 관련된 증언을 제한하는 법률이다. 이 법률은 사망자가 자신의 권리를 방어할 수 없는 상황에서 살아있는 사람이 사망자와의 대화나 거래에 대해 증언함으로써 불공정한 이익을 얻는 것을 방지하기 위한 것이다.

보통법에 따르면 민사 소송에서 소송의 결과에 금전적 이해관계가 있는 당사자는 그 증언이 사망자의 상속인에게 불리한 경우에는 사망자와의 대화나 거래에 대하여 증언할 수가 없다. 이 규칙은 형사사건에서는 적용되지 않는다. 연방증거법은 이러한 제한을 규정하고 있지 않는 반면, 많은 관할권에서는 사망자 규정을 두고 있다.

1) 목적(Purpose)

사망자 규정은 사망자가 자신의 권리를 방어할 수 없는 상황에서 사망자와의 관계를 조작하거나 왜곡할 수 있는 이해당사자의 잠재적인 사기 및 위증을 방지하기 위한 것이다. 즉 이 법률은 피상속인의 유산에 대하여 재정적 이해관계가 있는 개인이 잠재적으로 편향된 증언을 하는 것으로부터 피상속인의 유산을 보호하는 것이다. 보호당사자는 일반적으로 상속인 또는 유언집행자이다.

예 상속인은 상속인에게 불이익을 줄 수 있는 사망자와 금전적 거래를 했다고 주장하는 자의 증언을 못하게 할 수 있다.

2) 증언 제한(Testimony Restrictions)

이 법률은 이해당사자가 사망자와의 상호작용, 특히 대화 및 거래에 관하여 진술하는 것을 제한한다. 여기에는 구두 합의, 금융거래, 약속 또는 사망자의 진술 등이 포함될 수 있다.

> 예 민사 소송에서 사망자가 거액의 제공을 약속했다고 주장하는 경우, 소송 결과에 대한 금전적 이해관계로 인하여 본 거래에 대한 증언을 할 자격이 박탈될 수 있다.

3) 이해당사자(Interested Person)

이 법률은 일반적으로 소송의 결과에 직접적인 이해관계가 있는 당사자에게 적용된다. 이해당사자에 대한 정의는 다양할 수 있지만, 보통 소송의 결과로부터 금전적으로 이득을 얻거나 잃을 수 있는 사람을 의미한다.

4) 예외 및 포기(Exception and Waiver)

일부 사망자 규정에는 다른 증거에 의해 확인된 경우나 반대 당사자가 동일한 거래나 대화에 관한 증거를 제출하는 경우 등 일정한 상황 하에서 이러한 증언을 허용하는 예외가 포함되어 있다. 사망자의 유산 대표자가 증언에 이의를 제기하지 않은 경우에는 포기한 것으로 될 수 있다.

> 예 금전적 이해당사자가 사망자와의 거래에 대하여 증언할 때 유언집행자가 이의를 제기하지 않을 경우 유언집행자는 사망자 규정에 따른 보호를 포기하는 것이다.

C 증인신문의 형식(Form of Examination of Witness)

The examination of witnesses in a trial involves a process where each party has the opportunity to question witnesses to elicit information, challenge credibility, and clarify the facts. The examination process includes direct examination, cross-examination, and, if necessary, redirect and recross-examination. Each phase is subject to evidentiary rules designed to ensure fairness and relevance.

1) Direct Examination

The initial questioning of a witness by the party who called the witness to testify. The purpose of it is to elicit facts and evidence that support the case of the party who called the witness.

2) Cross-Examination

The questioning of a witness by the opposing party after the direct examination. The purpose of it is to challenge the credibility of the witness, test the accuracy of their testimony, and elicit facts that support the cross-examining party's case.

3) Redirect Examination

Additional questioning by the party who conducted the direct examination, following cross-examination. The purpose of it is to clarify or rebut issues raised during cross-examination.

4) Recross-Examination

Further questioning by the opposing party, following redirect examination. The purpose of it is to address new issues raised during redirect examination. It is limited to topics covered during redirect examination.

재판에서 증인 신문은 각 당사자가 증인을 신문하여 정보를 이끌어내고, 신뢰성에 이의를 제기하며, 사실관계를 명확히 할 수 있는 기회를 갖는 과정이다. 신문 과정에는 직접신문, 반대신문, 필요한 경우 재직접신문 및 재반대신문 등이 포함된다. 각 단계는 공정성과 관련성을 보장하기 위한 증거규칙의 적용을 받는다.

1) 직접신문(Direct Examination)

증인을 불러 증언하게 한 당사자가 하는 최초의 증인신문이다. 증인을 부른 당사자의 사건을 뒷받침하는 사실과 증거를 이끌어내는 데 그 목적이 있다.

2) 반대신문(Cross-Examination)

직접신문 이후 상대방이 하는 증인 신문이다. 증인의 신뢰성에 이의를 제기하고 증언의 정확성을 시험하며 반대신문 당사자의 사건을 뒷받침하는 사실을 이끌어내는 데 그 목적이 있다.

3) 재직접신문(Redirect Examination)

직접신문을 실시한 당사자가 반대신문에 이어 추가로 신문하는 것이다. 반대신문 시 제기된 쟁점을 명확히 하거나 반박하는 것을 목적으로 한다. 재직접신문은 반대신문 시 다뤄진 주제로 한정된다.

4) 재반대신문(Recross-Examination)

재직접신문에 이어 반대 당사자가 추가로 하는 신문이다. 재직접신문에서 제기된 새로운 쟁점을 다루는 것을 목적으로 한다. 재직접신문에서 다룬 주제로 한정된다.

예 강도에 대한 형사소송

i) 검사의 직접신문: Where were you on the night of the robbery?

증인 답변: I was at the corner store, and I saw the defendant running out with a bag.

ii) 피고인측 반대신문: Isn't it true that it was dark and you could not clearly see the person's face?

증인 답변: It was dark, but the streetlight was on, and I saw the defendant's face clearly.

iii) 검사의 재직접신문: Can you describe the streetlight's brightness and how it helped you see the defendant?

증인 답변: The streetlight was bright enough to illuminate the area, and I could clearly see the defendant's features.

iv) 피고인측 재반대신문: Isn't it possible that the bright light created shadows that might have distorted your perception?

증인 답변: I don't think so; I am confident about what I saw.

D 유도신문(Leading Questions)

A leading question is a question that suggests the answer within the question.

1) Direct Examination

Leading questions are generally not permitted during direct examination. The purpose of direct examination is to allow the witness to tell their story in their own words without undue influence from the attorney.

Exceptions:

a) Developing Testimony

Leading questions are allowed when necessary to develop the witness's testimony. This often includes questions about background or uncontested preliminary matters.

b) Witnesses with Communication Difficulties

Leading questions may be permitted when the witness has difficulty communicating due to age, physical condition, or mental condition. This helps facilitate clear and coherent testimony.

c) Hostile Witnesses or Adverse Parties

When a party calls a witness who is antagonistic or likely to present adverse testimony, leading questions are allowed. This includes adverse parties, witnesses associated with an adverse party, or those who unexpectedly provide adverse testimony.

2) Cross-Examination

Leading questions are generally permitted on cross-examination. The purpose of cross-examination is often to challenge the testimony given during direct examination, test the witness's credibility, and control the narrative more tightly.

유도신문은 질문 안에서 답을 제시하는 질문이다. 증인에게 신문을 하는 자가 자신이 희망하는 답변을 증인에게 암시하는 질문을 함으로써 원하는 답변을 증인이 하도록 유도하는 신문 방법을 의미한다.

1) 직접신문(Direct Examination)

직접 신문에서는 일반적으로 유도신문은 허용되지 않는다. 직접 신문의 목적은 증인이 변호인으로부터 부당한 영향을 받지 않고 자신의 말로 자신의 이야기를 할 수 있도록 하는 것이다.

예 허용되지 않는 유도신문: "You saw the defendant at the scene of the crime, didn't you?" 허용되는 신문: "Where were you on the night of the incident?"

직접신문에서 유도신문이 허용되는 예외

a) 증언 전개(Developing Testimony)

유도신문은 증인의 증언을 전개하기 위하여 필요한 경우에 허용된다. 배경에 대한 사항이나 다툼이 없는 예비적 사항에 관한 질문이 여기에 포함되는 경우가 많다.

예 "Your name is John Smith, correct?"

b) 의사소통에 어려움을 겪는 증인
(Witnesses with Communication Difficulties)

유도신문은 증인의 나이, 신체적 조건 또는 정신적 조건으로 인하여 의사소통에 어려움이 있을 때 허용될 수 있다. 이는 명확하고 일관된 증언을 용이하게 하는 데 도움이 된다.

c) 적대적 증인 또는 불리한 당사자
(Hostile Witnesses or Adverse Parties)

당사자가 적대적 증인을 부르거나 불리한 증언을 할 가능성이 있는 증인을 부른 경우에는 유도신문이 허용된다. 적대적 당사자, 적대적 당사자와 관련된 증인 또는 예기치 않게 적대적인 증언을 하는 사람 등이 이에 해당한다.

2) 반대신문(Cross-Examination)

반대신문에서는 일반적으로 유도신문이 허용된다.

E 의견의 증언(Opinion Testimony)

Opinion testimony is a statement made by a witness based on their perceptions, rather than just direct knowledge of facts.

의견의 증언은 증인이 단순히 사실에 대한 직접적인 지식이 아닌 그들의 인식에 기초하여 진술하는 것이다.

1. 일반증인(Lay Witness)

A lay (non-expert) witness is generally not permitted to testify as to his opinion. However, lay opinions are admissible with respect to common-sense impressions such as appearance, intoxication, speed of a vehicle, or another's emotions.

To be admissible, the opinion must (1) be rationally based on the perception of the witness; (2) be helpful to a clear understanding of the witness's testimony or the determination of a fact in issue; and (3) not be based on scientific, technical, or specialized knowledge (FRE 701).

일반적으로 일반증인은 자신의 의견에 대해 증언하는 것이 허용되지 않는다. 그러나 외모, 음주, 차량의 속도 또는 타인의 감정과 같은 상식적인 인상에 대한 일반증인의 의견은 증거능력이 있는 것으로 인정된다.

증거로 인정되기 위해서는 (1) 증인의 인식에 합리적으로 기초해야 하고, (2) 증인의 증언이나 쟁점 사실의 결정을 명확하게 이해하는 데 도움이 되어야 하며, (3) 과학적, 기술적 또는 전문적 지식에 기초하지 않아야 한다(FRE 701).

예 이웃이 가정폭력 사건에서 증인으로 출석하였다. 변호인이 다음과 같이 질문한다. "Can you describe the defendant's behavior when you saw them?" 증인이 다음과 같이 답변하다. "He appeared very angry and was shouting loudly." 이 증언은 일반증인의 의견의 증언이다.

예 증인의 개인적인 인식에 근거한 관찰에 의하여 "He looked drunk"라고 하는 증언은 인정되는 일반증인의 의견이다.

예 "He was intoxicated according to the blood alcohol content."라고 의견을 말하는 것은 인정이 되지 않는다. 이와 같은 의견은 전문지식이 필요한 것이기 때문이다.

2. 전문가증인(Expert Witness)

A witness who is qualified as an expert by knowledge, skill, experience, training, or education may testify in the form of an opinion if:

i) The expert's scientific, technical, or other specialized knowledge will help the trier of fact to understand the evidence or to determine a fact in issue;

ii) The testimony is based on sufficient facts or data;

iii) The testimony is the product of reliable principles and methods; and

iv) The expert has reliably applied the principles and methods to the facts of the case.

1) Disclosure of Underlying Facts and Data

An expert may state an opinion and give the reasons for it without first testifying as to the underlying facts or data, unless the court orders otherwise. Another party, when cross-examining the expert, may require the expert to disclose those facts or data.

2) Ultimate Issue (FRE 704)

An expert's opinion may be admissible even though it embraces an ultimate issue in the case including the defendant's state of mind. Experts can provide opinions that help the jury or judge understand the evidence or determine a fact in issue, even if that opinion touches on the ultimate issue in the case.

> However, in a criminal case, an expert witness must not state an opinion about whether the defendant did or did not have a mental state or condition that constitutes an element of the crime charged or of a defense. Determining the defendant's mental state or condition as an element of the crime or a defense is the exclusive role of the trier of fact.
>
> An interpreter is subject to the rules for expert witnesses.

지식, 기술, 경험, 훈련 또는 교육에 의하여 전문가의 자격을 갖춘 증인 즉 전문가 증인은 다음의 경우 의견의 형식으로 증언할 수 있다.

i) 전문가의 과학적, 기술적 또는 기타 전문적인 지식이 사실판단자가 증거를 이해하거나 쟁점이 되는 사실을 결정하는 데 도움이 될 것이다
ii) 증언은 충분한 사실 또는 자료에 근거한 증언이다.
iii) 증언은 신뢰할 수 있는 원칙과 방법에 따른 결과이다.
iv) 전문가는 사건의 사실관계에 대하여 원칙과 방법을 신뢰성이 있게 적용하였다.

1) 기초 사실 및 자료의 공개(Disclosure of Underlying Facts and Data)

전문가는 법원이 달리 명령하지 않는 한, 기초가 되는 사실이나 자료에 관하여 먼저 증언하지 않고 의견을 진술하고 그 이유를 말할 수 있다. 반대당사자는 전문가를 상대로 반대신문을 할 때 전문가에게 그 사실이나 자료를 공개하도록 요구할 수 있다.

2) 종국적 쟁점(Ultimate Issue)(FRE 704)

전문가의 의견은 피고인의 정신상태를 포함한 사건의 종국적 쟁점에 해당하는 것이어도 인정될 수 있다. 전문가는 그 의견이 사건의 종국적 쟁점에 해당되더라도 배심원이나 판사가 증거를 이해하거나 쟁점 사실을 결정하는 데 도움이 되는 의견을 제시할 수 있다.

그러나 형사소송에서 전문가 증인은 피고인이 기소된 범죄의 요건이나 항변사유를 구성하는 정신상태를 가졌는지의 여부에 대해 의견을 진술해서는 안 된다. 범죄의 요건이나 항변사유로서 피고인의 정신상태를 결정하는 것은 사실판단자의 독점적 역할이다.

> 예 피고인은 살인의 고의를 증명해야 하는 1급 살인죄로 재판을 받고 있다. 피고인은 범행 당시 자신이 정신이상(insanity)이 있었다고 주장한다. 허용되는 전문가 증언: 전문 정신과 의사는 피고인의 정신건강에 대하여 증언하고, 정신장애를 진단하며, 이러한 장애의 증상과 효과를 기술할 수 있다. 금지되는 의견: 전문가는 피고인이 범행 당시 "insane"에 해당했다라거나 피고인에게 살해의사가 없었다고 직접 진술할 수 없다.

통역사는 전문가 증인에 대한 규칙을 적용 받는다.

F 증인 탄핵(Impeachment of Witness)

1. 의미(Definition)

> Impeachment is the process by which a party challenges the credibility of a witness. The goal of impeachment is to show that the witness is not reliable, either because they are not telling the truth, their perception or memory is flawed, or their testimony is inconsistent.
>
> Any party, including the party that called the witness to testify, may attack the credibility of a witness.

증인 탄핵은 증인의 신뢰성에 이의를 제기하는 과정이다. 증인 탄핵의 목표는 증인이 진실을 말하지 않거나, 인식이나 기억에 결함이 있거나, 증언에 일관성이 없어 신뢰할 수 없다는 것을 보여주는 것이다.

증인을 불러 증언하게 한 당사자를 포함해서 모든 당사자는 증인의 신뢰성을 공격할 수 있다.

2. 증인의 성격(Witness's Character)

1) Untruthful Character Evidence

A witness's credibility may be attacked by testimony regarding the witness's character for untruthfulness. This testimony must be in the form of:

a) Reputation: Testimony about the witness's reputation for having a character for untruthfulness; or

b) Opinion: Testimony in the form of an opinion of the witness's character for untruthfulness.

2) Truthful Character Evidence

The credibility of a witness may not be bolstered unless it has been attacked first. Evidence of a truthful character is admissible only after the witness's character for truthfulness has been attacked.

3) Specific Instances of Conduct

Specific instances of conduct (e.g., lying on a job application) are generally not admissible to attack or support a witness's character for truthfulness.

However, on cross-examination, a witness may be asked about specific instances of conduct if it is probative of the truthfulness.

An arrest itself is not considered misconduct. A witness may not be cross-examined about being arrested solely to impeach their character for truthfulness. However, the witness may be cross-examined about the underlying conduct that led to the arrest.

When the witness denies a specific instance of conduct, extrinsic evidence is not admissible to prove that instance to attack or support the witness's character for truthfulness. However, it may be used for other grounds, such as bias.

1) 진실하지 않은 성격의 증거(Untruthful Character Evidence)

증인의 신뢰성은 증인의 진실하지 않은 성격에 관한 증언으로 공격될 수 있다. 이러한 증언은 다음과 같은 형태로 이루어져야 한다.

a) 평판(Reputation): 진실하지 않은 성격에 대한 증인의 평판에 대한 증언이다.

b) 의견(Opinion): 진실하지 않은 성격에 대한 증인의 의견을 나타내는 증언이다.

> 예 동료는 증인이 정직하지 않은 것으로 알려져 있거나(평판), 증인이 정직하지 않은 것으로 나는 믿고 있다고 증언한다(의견).

2) 진실한 성격의 증거(Truthful Character Evidence)

증인의 신뢰성에 대한 공격이 먼저 있지 않는 한 증인의 신뢰성을 강화하는 것은 허용이 되지 않는다. 증인의 진실한 성격에 대한 증거는 진실성을 위한 증인의 성격이 공격을 받은 후에만 허용되는 것이다.

3) 특정 행위(Specific Instances of Conduct)

특정 행위(예: 입사 지원서에 거짓을 기재하는 것)는 일반적으로 진실성을 위해 증인의 성격을 공격하거나 지지하는 것이 허용되지 않는다.

그러나 반대 신문에서 증인은 진실성에 대한 증거가치가 있는 경우 특정 행위에 대해 질문을 받을 수 있다.

> 예 반대신문에서 증인은 진실성과 관련하여 입사지원서에 거짓을 기재한 것에 대해 질문을 받을 수 있다.

체포 자체는 비행으로 간주되지 않는다. 증인은 체포의 사실로 진실성에 대한 공격을 반대신문에서 받을 수 없다. 다만, 증인은 체포를 초래한 기초 행위에 대해서는 반대신문에서 공격을 받을 수 있다.

> 예 증인이 체포되었지만 유죄판결을 받지는 않았다. 반대측 변호인은 체포에 대해 반대신문에서 질문을 하기를 원한다. 판사는 체포 자체에 대한 질문은 허용하지 않지만 진실성과 관련이 있는 경우 체포에 이르게 한 기초 행위에 대한 질문은 허용한다.

증인이 특정 행위를 부인하는 경우, 증인의 진실성을 공격하거나 지지하기 위해 그 특정 행위를 증명할 외부적 증거는 인정되지 않는다. 그러나 편향을 보여주는 근거로는 사용될 수는 있다.

> 예 증인은 반대신문에서 거짓말을 한 특정 행위를 부인한다. 상대방 변호인은 거짓말을 증명하는 문서를 제출하려고 한다. 판사는 특정 행위를 증명하기 위한 그 문서를 증거로 허용하지 않는다.

> 예 소송의 당사자와 증인의 금전적 거래는 편향(bias)을 증명하는 데 사용될 수 있다.

3. 유죄판결(Criminal Conviction)

Evidence of a criminal conviction can be used to attack a witness's character for truthfulness.

1) Crimes Involving Dishonesty

Any witness can be impeached with evidence of a conviction for a crime involving dishonesty or false statement, regardless of whether it is a felony or misdemeanor, and irrespective of the punishment. The crimes involving dishonesty include perjury, fraud, embezzlement, or false pretense.

2) Crimes Not Involving Dishonesty

Convictions for crimes not involving dishonesty are admissible for impeachment only if the crime is punishable by death or imprisonment for more than one year (typically a felony).

If the witness is the defendant, evidence of a felony conviction is admissible only if its probative value outweighs the prejudicial effect to the defendant.

For witnesses other than the defendant, such evidence must generally be admitted unless the probative value is substantially outweighed by the prejudicial effect.

3) 10-Year Limit

If more than 10 years have elapsed since the conviction or release from confinement, whichever is later, evidence of the conviction is admissible only if (1) the probative value substantially outweighs its prejudicial effect and (2) the proponent gives reasonable written notice to the adverse party.

4) Effect of Pardon

Evidence of a conviction is not admissible if the conviction has been pardoned, annulled, or subjected to other actions based on a finding of innocence. This applies to actions based on rehabilitation, provided there are no subsequent serious convictions.

5) Pendency of Appeal

A conviction can be used for impeachment even if an appeal is pending.

유죄판결의 증거는 진실성에 대한 증인의 성격을 공격하는 데 사용될 수 있다.

1) 부정직과 관련된 범죄(Crimes Involving Dishonesty)

증인은 중범죄나 경범죄에 상관없이, 그리고 형벌에 관계없이, 부정직 또는 허위진술과 관련된 범죄에 대하여 유죄판결의 증거로 탄핵될 수 있다. 부정직에 관련된 범죄에는 위증, 사기, 횡령, 사취 등이 있다.

2) 부정직과 관련 없는 범죄(Crimes Not Involving Dishonesty)

부정직과 관련되지 않은 범죄에 대한 유죄 판결은 사형 또는 1년 이상의 징역(일반적으로 중범죄)에 처벌될 수 있는 경우에 탄핵이 가능하다.

증인이 피고인인 경우, 중범죄 유죄판결의 증거는 그 증명가치가 피고인에 대한 편견적 효과를 능가하는 경우에만 허용된다.

> 예 절도죄의 유죄판결은 피고인의 신뢰성에 대한 편견적 영향이 증명가치를 초과하는 경우에는 배제될 수 있다.

피고인 이외의 증인에 대해서는 일반적으로 증명가치가 편견적 영향에 의해 실질적으로 상쇄되지 않는 한 그러한 증거는 인정이 된다.

> 예 증인에 대한 무장강도죄의 유죄판결은 실질적으로 편견적이지 않는 한 탄핵의 증거로 인정된다.

3) 10년 제한(10-Year Limit)

유죄판결이 선고된 후 또는 석방된 후 10년 이상 경과한 경우, 유죄판결의 증거는 (1) 증명가치가 그 편견적 효과를 실질적으로 능가하고 (2) 유죄판결 증거를 탄핵으로 사용하려는 자가 상대방에게 합리적인 서면 통지를 하는 경우에만 허용된다.

> 예 15년 전의 유죄판결은 상당한 증명 가치를 제공하고 반대 당사자에게 적절한 통지를 하였다면 증인의 탄핵의 증거로 인정될 수 있다.

4) 사면의 효과(Effect of Pardon)

피고인이 무죄라는 사실에 기초하여 유죄판결이 사면, 실효 또는 다른 조치가 취해진 경우에는 유죄판결이 증인의 탄핵 증거로 인정되지 않는다. 이 규칙은 또한 재활에 근거한 조치에 대하여는 이후 중대한 유죄판결이 없는 한 적용된다.

5) 항소 중인 소송(Pendency of Appeal)

유죄판결이 항소 중에 있어도 증인의 탄핵을 위한 증거로 사용할 수 있다.

4. 종전의 모순된 진술(Prior Inconsistent Statements)

A witness's prior statement that is inconsistent with a material part of their testimony can be used to impeach their credibility.

1) Impeachment Purpose

A prior inconsistent statement is admissible to impeach the witness, meaning it is used to challenge the witness's credibility, not to prove the truth of the prior statement.

2) Substantive Evidence

A prior inconsistent statement may be admitted as substantive evidence (i.e., to prove the truth of the matter asserted) if the statement was made under oath in a prior trial, hearing, deposition, or other formal proceeding.

3) Procedural Requirements

a) Disclosing the Statement to the Witness

When examining a witness about a prior inconsistent statement, the examining party is not required to show the statement or disclose its contents to the witness. However, upon request, the statement must be shown or its contents disclosed to the opposing party's attorney.

b) Extrinsic Evidence of Prior Inconsistent Statements

Extrinsic evidence of a prior inconsistent statement can be introduced only if the witness is given the opportunity to explain or deny the statement, and the opposing party is given a chance to examine the witness about it. This opportunity does not need to occur before the statement is admitted into evidence.

Exceptions to the Opportunity to Explain: The opportunity to explain or deny a prior inconsistent statement does not apply when (1) the statement impeaches a hearsay declarant or (2) the statement qualifies as an opposing party's statement.

c) Collateral Matter

Extrinsic evidence of a prior inconsistent statement cannot be used to impeach a witness on a collateral matter. The questioning party is bound by the witness's answer if the matter is irrelevant to the issues in the case.

증인이 한 증언의 중요한 부분에서 일치하지 않는 증인의 종전의 진술은 증인을 탄핵하는 데 사용될 수 있다.

1) 탄핵목적(Impeachment Purpose)

종전의 모순된 진술은 증인을 탄핵하는 데 사용하는 것이 허용된다. 이는 종전의 모순된 진술이 종전의 진술의 진실성을 증명하는 것이 아니라 증인의 신뢰성에 이의를 제기하는 데 사용된다는 것을 의미한다.

> 예 증인이 법정에서 피고인을 현장에서 봤다고 증언하지만, 이전에 경찰에게 피고인을 보지 못했다고 진술한 경우, 증인의 종전의 모순된 진술은 증인의 신뢰성에 의구심을 들게 할 수 있다.

2) 실체적 증거(Substantive Evidence)

종전의 모순된 진술은 종전의 진술이 이전 소송, 심리, 증언녹취 또는 기타 정식 절차에서 선서 하에 이루어진 경우에는 실체적 증거(즉 주장된 사안의 진실을 증명하기 위한 것)로 인정될 수 있다.

> 예 증인이 법정에서는 선서 하에 증언녹취(deposition)를 하였는데, 법정에서 한 증언과 모순되는 경우 증언녹취 시 한 진술은 증인의 신뢰성을 탄핵할 뿐만 종전의 진술이 실체적 증거로 사용될 수 있다.

3) 절차적 요건(Procedural Requirements)

a) 증인에 대한 진술 공개(Disclosing the Statement to the Witness)

종전의 모순된 진술에 대하여 증인을 신문할 때, 신문 당사자는 그 진술의 내용을 증인에게 보여주거나 공개할 필요가 없다. 그러나 요청이 있을 때에는 그 진술의 내용을 상대방 변호인에게 보여주거나 공개해야 한다.

> 예 반대신문에서 변호인은 증인에게 이전에 경찰 보고서에서 진술한 내용에 대해 질문을 한다. 변호인은 증인에게 보고서를 보여줄 필요는 없지만 요청이 있는 경우 상대방 변호인에게 제공해야 한다.

b) 종전의 모순된 진술의 외부적 증거 (Extrinsic Evidence of Prior Inconsistent Statements)

종전의 모순된 진술의 외부적 증거는 증인에게 진술에 대한 설명이나 부인의 기회가 주어져야 하고, 반대 당사자에게 증인에 대한 증인신문의 기회가 주어져야 제출될 수 있다. 이러한 기회는 진술이 증거로 인정되기 전에 발생할 필요는 없다.

> 예 변호인은 증인이 상반된 진술을 한 녹음된 인터뷰를 제출한다. 증인은 증언 중에 이 진술을 설명하거나 부인할 기회가 주어져야 한다.

설명할 기회의 예외(Exceptions to the Opportunity to Explain): (1) 진술이 전문증거의 진술자를 탄핵하거나 (2) 진술이 반대 당사자의 진술에 해당하는 경우에는 종전의 모순된 진술을 설명하거나 부인할 기회가 적용되지 아니한다.

예 만일 전문증거가 인정이 되고 나중에 종전의 모순된 진술로 탄핵이 된다면 전문증거의 진술자는 그 진술을 설명하거나 부인할 기회가 없어도 된다.

예 반대 당사자를 탄핵하기 위해 사용된 반대 당사자의 인정(admission)은 반대 당사자에게 진술을 설명하거나 부인할 기회를 부여할 필요가 없다.

c) 부수적 사항(Collateral Matter)

종전의 모순된 진술에 대한 외부적 증거는 부수적 사항으로 증인을 탄핵할 수 없다. 질문 당사자가 질문하는 사항이 사건의 쟁점사항과 무관한 경우에는 증인의 답변으로 충분하게 된다.

예 아침식사로 무엇을 먹었는지에 대한 증인의 진술이 증인의 종전 진술과 일치하지 않은 경우, 이 종전의 모순된 진술에 대한 외부적 증거는 사건과 관련이 없으므로 제출될 수 없다.

5. 편향 또는 이해(Bias or Interest)

Bias or interest refers to any factor that might influence a witness's testimony due to their relationship with a party, their interest in the outcome of the case, or their personal motives. Because these factors can affect a witness's credibility, they are always relevant in assessing the reliability of the witness's testimony. Consequently, a witness can be impeached on the grounds of bias or interest.

편향 또는 이해는 당사자와의 관계, 사건 결과에 대한 이해관계 또는 개인적 동기로 인해 증인의 증언에 영향을 미칠 수 있는 모든 요소를 의미한다. 이러한 요소는 증인의 신뢰성에 영향을 미칠 수 있기 때문에 증인의 증언의 신뢰성을 평가하는 데 항상 중요하다. 따라서 편향 또는 이해를 이유로 증인을 탄핵할 수 있다.

예 증인이 소송 당사자에게 고용된 직원인 경우 증인은 고용주인 당사자를 위하여 유리한 증언을 하려는 편향이 있을 수 있다. 따라서 상대방은 이러한 사실로 증인을 탄핵할 수 있다.

6. 감각적 능력(Sensory Competence)

Sensory competence refers to a witness's ability to perceive, recall, and relate information accurately. A witness can be impeached by demonstrating deficiencies in their sensory or cognitive capacities. These deficiencies can be due to physical or mental impairments, or external factors that interfere with the witness's abilities.

감각적 능력이란 정보를 정확하게 지각하고 기억하며 정보를 전달하는 증인의 능력을 말한다. 증인은 감각적 또는 인지적 능력의 결함을 보여줌으로써 탄핵될 수 있다. 이러한 결함은 신체적 또는 정신적 장애 또는 증인의 능력을 방해하는 외부 요인에 기인할 수 있다.

예 증인의 시력이나 청력에 문제가 있다는 것을 보여주어 증인이 사건을 정확하게 인지하는 능력에 대한 의문을 제기할 수 있다.

예 사건 당시 목격자인 증인은 인지장애가 있거나 약물이나 음주 상태였다는 것을 보여주어 증인의 기억력, 이해력, 그리고 정보를 정확하게 전달하는 능력에 영향을 미칠 수 있음을 보여주어 증인을 탄핵할 수 있다.

7. 모순적 증거(Contradictory Evidence)

A witness may be impeached by presenting evidence that directly contradicts their testimony. This form of impeachment can be achieved through both cross-examination and the introduction of extrinsic evidence.

During cross-examination, the opposing attorney can ask questions that reveal contradictions in the witness's testimony. This method relies on highlighting inconsistencies within the witness's statements or between their statements and other known facts.

Extrinsic evidence involves introducing independent evidence that contradicts the witness's testimony. This evidence can be in the form of documents, physical evidence, or the testimony of other witnesses.

The contradictory evidence must relate to a material aspect of the case. Impeachment on collateral or irrelevant matters is generally not allowed, as it does not substantially impact the credibility of the witness on the central issues of the case.

증인은 자신의 증언과 모순되는 증거가 제시됨으로써 탄핵이 될 수 있다. 모순적 증거에 의한 탄핵은 반대신문과 외부적 증거의 제출을 통해 이루어질 수 있다.

반대신문에서 반대 측 변호인은 증인의 증언에 모순이 드러나는 질문을 할 수 있다. 이 방법은 증인의 진술 내 또는 증인의 진술과 다른 알려진 사실 사이의 불일치를 부각시키는 것을 통해서 한다.

외부적 증거는 증인의 증언과 모순되는 독립된 증거를 제출하는 것이다. 외부적 증거는 문서, 물리적 증거 또는 다른 증인의 증언 등의 형태가 될 수 있다.

모순된 증거는 사건의 중요한 사실과 관련이 있어야 한다. 부수적 또는 관련 없는 사항에 대한 증인의 탄핵은 사건의 중심 쟁점에 대한 증인의 신뢰성에 실질적인 영향을 미치지 않기 때문에 일반적으로 허용되지 않는다.

예 증인은 피고인을 특정 시간에 특정 장소에서 봤다고 증언한다. 반대 당사자의 변호인은 피고인이 그 당시 다른 곳에 있었다는 증거(예: 타임스탬프가 찍힌 비디오)를 가지고 있다. 변호인은 증인에게 반대신문에서 모순되는 사항에 대해 질문을 해서 증인을 탄핵할 수 있다.

예 증인이 특정 날짜에 계약했다고 주장을 한다. 반대 당사자의 변호인은 다른 날짜로 된 원본 계약서를 가지고 있다. 변호인은 원본 계약서를 제출하는 것에 의해 증인을 탄핵할 수 있다.

8. 부수적 사항(Collateral Issues)

Collateral issues refer to matters that are not directly related to the main issues in the case. Impeachment on collateral issues involves questioning a witness about irrelevant matters to challenge their credibility. The Federal Rules of Evidence do not explicitly prohibit impeachment on collateral issues, but courts generally disfavor it.

A court may exclude evidence if its probative value is substantially outweighed by the risk of causing undue delay, wasting time, or needlessly presenting cumulative evidence (FRE 403). This balancing test is often applied to exclude evidence related to collateral issues.

Generally, a party may not use extrinsic evidence to impeach a witness on collateral matters.

부수적 사항이란 사건의 주요 쟁점과 직접적인 관련이 없는 사항을 말한다. 부수적 사항에 대한 탄핵은 관련성이 없는 사항에 대하여 증인을 신문하여 그 신뢰성에 의문을 제기하는 것을 말한다. 연방증거법은 부수적 사항에 대한 탄핵을 명시적으로 금지하고 있지는 않지만, 법원은 대체로 이를 인정하지 않는다.

법원은 부당한 지연, 시간 낭비 또는 불필요하게 누적 증거를 제시하는 위험성이 증거가치보다 실질적으로 더 많을 경우 해당 증거를 배제할 수 있다(FRE 403).

이 이익균형심사는 종종 부수적 사항과 관련된 증거를 배제하기 위해 적용된다.

> 예 증인의 관련 없는 과거 행위에 대한 증거가 현재 사건과의 관련성은 미미하지만 배심원을 오도하거나 부당한 편견을 야기할 수 있는 경우 법원은 이를 배제할 수 있다.

일반적으로 당사자는 부수적 사항으로 증인을 탄핵하기 위하여 외부적 증거를 사용할 수 없다.

9. 종교적 믿음 또는 의견(Religious Beliefs or Opinions)

Evidence of a witness's religious beliefs or opinions is not admissible to attack or support the witness's credibility. The rule aims to prevent discrimination and prejudice based on religious beliefs and to focus the trial on relevant facts and evidence (FRE 610).

Evidence of a witness's religious affiliation may be admissible if it shows bias or interest. This could occur if the witness is affiliated with a religious organization that has a stake in the case's outcome.

증인의 종교적 믿음이나 의견에 대한 증거는 증인의 신뢰성을 공격하거나 지지할 수 없다. 이 규칙은 종교적 믿음에 따른 차별과 편견을 방지하고 관련 사실과 증거에 재판을 집중하는 것을 목적으로 한다.

> 예 변호인은 증인이 무신론자라는 증거를 도입하여 증인의 신뢰성이 떨어지거나 신뢰할 수 없다고 주장할 수 없다.

증인의 종교적 소속에 대한 증거가 편향이나 이해가 있음을 보일 경우 증거능력이 인정될 수 있다. 증인이 사건의 결과에 이해관계가 있는 종교단체에 소속되어 있는 경우에 발생할 수 있다.

> 예 증인은 소송 당사자인 교회의 구성원이다. 변호인은 사건결과에 대한 잠재적인 편견이나 이해관계가 있음을 보여주어 증인을 탄핵하기 위하여 증인이 교회에 소속되어 있다는 것을 증거로 제출할 수 있다.

10. 신뢰성 복원(Rehabilitation)

A witness who has been impeached may be rehabilitated on redirect examination or by introducing extrinsic evidence to support their credibility. Rehabilitation is allowed only after the witness's credibility has been attacked through impeachment. Introducing evidence to support a witness's credibility before any attack is called bolstering, which is not permitted.

1) Explanation or Clarification on Redirect Examination

During redirect examination, the party who called the witness may ask questions to explain or clarify any inconsistencies or ambiguities raised during cross-examination.

2) Extrinsic Evidence

Extrinsic evidence can be introduced to support the witness's credibility after impeachment.

3) Prior Consistent Statement

A witness typically cannot be rehabilitated by showing prior consistent statements, even if impeached by prior inconsistent statements.

Exception: If the opposing counsel has implied that the witness is lying due to a motive (e.g., bias), a prior consistent statement made before the alleged motive arose can be used to rehabilitate the witness.

탄핵을 받은 증인은 신뢰성을 뒷받침할 수 있는 재직접신문이나 외부적 증거를 통해 신뢰성을 복원할 수 있다. 탄핵을 통해 증인의 신뢰성을 공격받은 경우에만 복원이 가능하다. 탄핵을 받기 전에 증인의 신뢰성을 뒷받침할 증거를 제출하는 신뢰성 강화(bolstering)라고 하는데 이것은 허용되지 않는다.

1) 재직접신문에서의 설명 (Explanation or Clarification on Redirect Examination)

재직접신문 시 증인을 불렀던 당사자는 반대신문 시 제기된 불일치나 모호성을 설명하거나 명확히 하기 위하여 질문할 수 있다.

2) 외부적 증거(Extrinsic Evidence)

탄핵 이후 증인의 신뢰성을 뒷받침하기 위해 외부적 증거를 제출할 수 있다.

> 예 반대 당사자가 증인이 정직하지 않다고 탄핵을 한 경우, 증인의 변호인은 다른 증인을 불러 탄핵된 증인이 진실하다는 평판을 가지고 있음을 증언하게 하거나 증인의 정직성에 대한 의견을 증언하게 할 수 있다.

3) 종전의 일관된 진술(Prior Consistent Statement)

일반적으로 증인은 종전의 모순된 진술로 탄핵되더라도 종전의 일관된 진술을 보여줌으로써 증인의 신뢰성을 복원할 수 없다.

예외: 반대 당사자의 변호인이 증인이 편향과 같은 동기로 인해 거짓말을 하고 있음을 암시한 경우, 주장된 동기가 발생하기 전에 한 종건의 일관된 진술을 보여줌으로써 증인의 신뢰성을 복원시킬 수 있다.

> 예 증인은 법정에서 피고인을 범죄 현장에서 봤다고 증언한다. 반대 당사자의 변호인은 증인이 증언에 대한 보상을 약속 받았기 때문에 거짓말을 하고 있다고 말한다.
> 복원: 검찰은 증인이 범행 직후에 한 진술을 그들의 재판에서의 증언과 일관되게 그리고 어떤 보상이 주어지기 전에 경찰에 말한 것을 제출한다. 이 진술은 증인의 일관된 진술로 증인의 신뢰성을 복원시키는 것이다.

G 기억 상기(Recollection Refreshed)

1. 현재 기억 상기(Present Recollection Refreshed)

Present recollection refreshed refers to a method where a witness uses a document, object, or other item to refresh their memory during their testimony. The witness reviews the item to help them remember facts they previously knew but have temporarily forgotten. Once their memory is refreshed, they testify from their own present recollection.

The witness is shown a document or other item to jog their memory. The document or item is used only to refresh the witness's memory and is not read into evidence. The witness testifies based on their refreshed memory, not from the document itself.

Rights of the Adverse Party: When a writing is used to refresh a witness's memory, the adverse party has rights to inspect the item used to refresh the witness's memory, cross-examine the witness about it, and introduce relevant portions of it into evidence if relevant.

Failure to Produce or Deliver the Writing

- In criminal cases, if the prosecution refuses to produce or deliver a writing used to refresh a witness's memory, the court must strike the witness's testimony or may declare a mistrial if justice requires.
- In other cases, the court can issue an appropriate order to address the failure to produce or deliver the writing.

현재 기억 상기는 증인이 증언하는 동안 문서, 물건 또는 다른 것을 사용하여 기억을 상기시키는 것을 말한다. 증인이 이전에는 알고 있었지만 법정에서 증언하는 동안 일시적으로 잊어버린 사실을 문서나 물건의 활용하여 기억을 되살리는 것이다. 일단 기억을 상기시키게 되면 자신의 현재 기억으로부터 증언을 하는 것이다.

증인의 기억을 되살리기 위해 문서나 물건을 증인에게 보여주는 것이다. 증인에게 보여준 문서나 물건은 증인의 기억을 되살리기 위해 사용될 뿐 증거로 읽혀지면 안된다. 증인은 문서 자체가 아니라 상기시킨 기억을 토대로 증언을 하여야 한다.

반대 당사자의 권리(Rights of the Adverse Party): 증인이 기억을 상기시키기 위하여 문서를 사용하는 경우, 반대 당사자는 증인의 기억을 새롭게 하기 위하여 증인의 기억을 상기시키기 위하여 사용된 문서나 물건을 검사하고, 그것에 대해서 증인을 상대로 반대신문을 할 수 있고, 관련된 부분을 증거로 제출할 수 있다.

> 예 증인은 대화를 나눈 사항에 대해 증언하기를 요구받지만 대화의 내용을 기억하지를 못한다. 변호인은 증인에게 증인이 대화 직후에 작성했던 메모를 보여준다. 증인은 노트를 읽고 대화를 상기시킨 다음 노트를 읽지 않고 상기해 낸 자신의 기억을 토대로 증언을 한다. 반대 당사자의 변호인은 노트의 열람을 요청하고, 증인에 대해 반대신문을 한 후, 노트의 관련 부분을 증거로 제출하여 증인의 신뢰성에 대한 이의를 제기할 수 있다.

문서의 제출 또는 전달의 실패(Failure to Produce or Deliver the Writing)

- 형사사건의 경우, 검찰이 증인의 기억을 되살리는 데 사용한 문서를 제출하거나 전달하기를 거부하는 경우 법원은 증인의 증언을 받아들이지 않고 정의의 달성을 위해 필요하다면 심리 무효를 선언할 수 있다.
- 그 밖의 경우에는 문서를 제출하거나 전달하지 않은 경우 법원은 이에 대한 적절한 명령을 내릴 수 있다.

2. 과거 기억 기록(Past Recollection Recorded)

Past recollection recorded refers to a method where a witness cannot recall an event even after attempting to refresh their memory. In this case, a memorandum or record about a matter they once knew but now cannot recall sufficiently to testify about it can be admissible under a hearsay exception known as "recorded recollection."

The record can be read into evidence but is only received as an exhibit if offered by an adverse party.

Requirements:

1) The record is on a matter that the witness once knew about;
2) The record was made or adopted by the witness when the matter was fresh in the witness's memory;
3) The record accurately reflects the witness's knowledge; and
4) The witness states that she cannot recall the event well enough to testify fully and accurately, even after consulting the record on the stand.

The distinction between Present Recollection Refreshed and Past Recollection Recorded:

1) Present Recollection Refreshed: The item used to refresh a witness's memory is not admitted into evidence. The witness uses it to recall facts and then testifies based on their refreshed memory.
2) Past Recollection Recorded: The document itself is admissible under a hearsay exception if the witness can no longer recall the details sufficiently to testify. It can be read into the evidence but introduced as an exhibit by the adverse party.

과거 기억 기록은 증인이 기억을 상기시키려고 시도한 후에도 사건을 떠올리지 못할 때에 사용하는 방법이다. 증인이 한때 알고 있었지만 지금은 충분히 기억을 상기시키지 못하여 증언할 수 없는 사안에 대한 각서나 기록은 "기록된 기억"이라는 전문증거의 예외에 해당하여 증거로 인정될 수 있는 것이다

기록은 증거로 읽혀 질 수 있지만, 상대방 당사자가 증거로 제출하는 경우에만 증거서류(exhibit)로 받아들여 질 수 있다.

요구사항(Requirements)

1) 그 기록은 증인이 한때 알고 있었던 사안에 관한 것이어야 한다.

2) 그 기록은 증인의 기억이 선명할 때 증인이 작성하거나 채택한 것이어야 한다.

3) 그 기록은 증인의 지식을 정확하게 반영하고 있어야 한다.

4) 증인은 증언대에서 기록을 보고도 충분히 정확하게 증언할 수 있을 정도로 사건을 잘 기억할 수 없다고 진술하여야 한다.

현재 기억 상기와 과거 기억 기록의 구분(Distinction between Present Recollection Refreshed and Past Recollection Recorded)

1) 현재 기억 상기(Present Recollection Refreshed): 증인의 기억을 상기시키기 위해 사용된 항목은 증거로 인정되지 않는다. 증인은 사실을 상기시키기 위해 그것을 사용해서 기억을 상기시킨 후 기억에 기초하여 증언을 한다.

2) 과거 기억 기록(Past Recollection Recorded): 증인이 더 이상 증언할 정도로 구체적인 내용을 기억할 수 없는 경우에는 전문증거의 예외에 따라 문서 자체는 증거로 인정이 된다. 증인은 기록을 증거로 읽을 수 있지만, 증거로 제출이 되는 것은 반대 당사자에 의해 이루어질 수 있다.

> 예 증인은 어떤 사건에 대한 기억이 선명할 때 상세하게 기록된 각서를 작성하였다. 그러나 재판에서 증인은 그 사건을 증언할 만큼 충분히 기억하지 못하고 있다. 각서는 전문증거의 예외로 증거로서 읽혀 질 수 있다. 반대 당사자는 원하면 증거서류로 각서를 제출할 수 있다.

VI | 증언거부특권(TESTIMONIAL PRIVILEGES)

Testimonial privileges protect certain communications from being disclosed in court, ensuring that specific relationships are safeguarded and that certain information remains confidential. These privileges are based on public policy considerations that certain communications are so vital to society that they should remain protected.

증언거부특권은 특정 대화가 법정에서 공개되지 않도록 보호하며, 특정 관계가 보호되고 특정 정보가 비밀로 유지되도록 보장하는 것이다. 이러한 특권은 특정 대화가 보호되어야 할 만큼 사회에서 매우 중요하다는 공공정책적 고려에 기초하고 있는 것이다.

A 비밀 대화(Confidential Communication)

For a privilege to apply, the communication must be confidential. This means the communication is intended to be private and not disclosed to third parties.

1) Presence of Third Party

Generally, the presence of a third party destroys the confidentiality of the communication, and therefore, the privilege.

Exceptions:

a) Unknown Eavesdropper: If the first two parties are unaware of the third party's presence, the privilege is not destroyed.

b) Necessary Third Party: If the third party is necessary to assist in the communication, the privilege remains intact.

2) Waiver of Privilege

A privilege can be waived under certain circumstances. The waiver can occur through the actions or inactions of the privilege holder.

a) Timely Assertion: The privilege must be asserted in a timely manner. Failure to do so can result in a waiver.

b) Voluntary Disclosure: If the privilege holder voluntarily discloses a substantial part of the communication to a third party, the privilege is waived.

c) Contractual Waiver: A privilege can be waived in advance through a contractual agreement.

Wrongful Disclosure: If a third party wrongfully discloses the communication without the privilege holder's consent, it does not constitute a waiver.

증언거부특권이 적용되기 위해서는 대화 내용이 비밀이어야 한다. 이는 대화 내용이 대화 당사자 사이에 사적인 것으로 제3자에게 공개하지 않을 것을 의도한 것이어야 한다.

1) 제3자의 존재(Presence of Third Party)

일반적으로 제3자의 존재는 대화의 비밀성을 파괴한다. 따라서 증언거부특권은 인정이 안 된다.

제3자의 존재에 대한 예외

a) 알 수 없는 도청자(Unknown Eavesdropper): 대화를 하는 두 당사자가 제3자의 존재를 모르는 경우에는 증언거부특권이 소멸되지 않는다.

b) 필요한 제3자(Necessary Third Party): 제3자가 대화를 돕기 위해 필요에 의해 참석하는 경우에는 증언거부특권은 소멸되지 않고 유지된다.

> 예 영어를 사용하지 않는 의뢰인과 변호인 간의 대화를 용이하게 하기 위해 통역가(translator)가 같이 참석하고 있는 경우에는 증언거부특권이 소멸되지 않는다.

2) 증언거부특권 포기(Waiver of Privilege)

증언거부특권은 일정한 상황에서 포기될 수 있다. 포기는 특권 보유자의 작위나 부작위에 의해서 발생할 수 있다.

a) 적시 주장(Timely Assertion): 증언거부특권은 적시에 주장되어야 한다. 그렇지 않으면 특권을 포기하는 것으로 간주될 수 있다.

> 예 변호인이 법정에서 논의되는 증언거부특권에 해당하는 정보에 대해 이의를 제기하지 않는 경우 특권 포기로 간주될 수 있다.

b) 자발적 공개(Voluntary Disclosure): 증언거부특권 보유자가 대화의 상당 부분을 제3자에게 자발적으로 공개하는 경우 특권은 포기된다.

c) 계약상 포기(Contractual Waiver): 계약을 통해 사전에 증언거부특권을 포기할 수 있다.

> 예 직원이 직장에서의 대화에 관한 비밀유지 특권을 포기하는 것에 동의하는 계약에 서명한 경우 계약상 포기에 해당한다.

부당한 공개(Wrongful Disclosure): 제3자가 권리자의 동의 없이 대화 내용을 부당하게 외부에 공개한 경우에는 포기에 해당하지 않는다.

> 예 도청자가 변호인과 의뢰인 사이의 증언거부특권에 해당하는 대화의 내용을 불법적으로 녹음하고 폭로한다. 이런 경우에는 특권을 포기한 것으로 간주되지 않는다.

B 변호인과 의뢰인의 증언거부특권(Attorney-Client Privilege)

The attorney-client privilege protects confidential communications between a client and an attorney made for the purpose of seeking legal advice or representation. This privilege is fundamental to ensuring clients can communicate openly with their attorneys without fear that their statements will be disclosed.

1) Requirements

The communication must be intended to be confidential. A communication made in the presence of a third party generally is not privileged. However, the presence of a representative of the client or attorney does not destroy the privilege.

The communication must be for the purpose of seeking legal advice or representation. Communications with an attorney acting in a capacity other than as an attorney (e.g., as a tax preparer or business partner) are not privileged.

The privilege does not protect underlying facts, only the communications themselves.

The client holds the privilege and can waive it. The attorney must assert the privilege on behalf of the client. The privilege survives the client's death.

2) Exceptions to the Privilege

The attorney-client privilege does not apply in the following situations:

a) Crime-Fraud Exception: Communications made to enable or aid the commission of a crime or fraud are not protected.

b) Disputes Between Attorney and Client: Communications relevant to disputes between the attorney and client (e.g., malpractice claims) are not privileged.

c) Communications Between Co-Clients: Communications between co-clients who are now adverse to each other are not privileged.

d) Communications in Issue: When the client puts the legal advice in issue, the privilege does not apply.

3) Inadvertent Disclosure

Inadvertent disclosure does not waive privilege if the holder took reasonable steps to prevent disclosure and promptly took reasonable steps to rectify the error.

4) Work Product Doctrine

Documents prepared by an attorney in connection with a client's case are protected under the work product doctrine, not attorney-client privilege. These documents are not discoverable unless (1) the party seeking disclosure shows a substantial need for the materials and (2) the party cannot obtain the information by other means without undue hardship.

변호인과 의뢰인의 증언거부특권은 법률 자문이나 대리를 구할 목적으로 행해진 의뢰인과 변호인 간의 비밀에 해당하는 대화를 보호하는 것이다. 이 특권은 의뢰인이 자신이 한 말이 외부에 공개될 것을 두려워하지 않고 변호인에게 공개하고 대화할 수 있도록 보장하는 것이다.

1) 요건(Requirements)

대화를 하는 당사자가 대화가 비밀일 것을 의도하여야 한다. 제3자가 참석한 상태에서 하는 대화는 일반적으로 특권이 없게 된다. 다만 의뢰인이나 변호인의 대리인이 있는 경우에는 이 특권이 소멸하는 것은 아니다.

대화는 법률자문이나 대리를 구할 목적이어야 한다. 변호인과 하는 대화가 변호인 이외의 자격(예: 세금 신고 준비, 사업파트너)으로 하는 대화는 특권이 적용되지 않는다.

> 예 변호인은 의뢰인의 비즈니스 파트너이기도 하다. 의뢰인은 법률 자문과 무관한 비즈니스 전략을 변호인과 논의한다. 변호인이 변호인 이외의 직무를 수행하고 있기 때문에 둘의 대화는 변호인과 의뢰인 특권으로 보호되지 않는다.

특권은 기초 사실을 보호하는 것이 아니라 단지 대화를 보호하는 것이다. 따라서 대화에 나온 기초가 되는 사실들은 특권의 대상이 되지 않는다.

변호인과 의뢰인의 증언거부특권은 의뢰인이 보유하는 것이기 때문에 특권의 포기는 의뢰인이 할 수 있다. 변호인은 의뢰인을 대신하여 특권을 주장해야 한다. 이 특권은 의뢰인이 사망하여도 존속한다.

> 예 한 의뢰인이 개인 사무실에서 변호인과 만나 진행 중인 소송의 법적 전략을 논의한다. 변호인과 의뢰인간의 대화 내용은 변호인과 의뢰인 증언거부특권에 의하여 보호된다.

2) 변호인과 의뢰인의 증언거부특권의 예외(Exceptions to the Privilege)

변호인과 의뢰인간의 증언거부특권은 다음과 같은 상황에서는 적용되지 않는다.

a) 범죄 또는 사기의 예외(Crime-Fraud Exception): 범죄 또는 사기의 실행을 가능하게 하거나 돕기 위해 이루어지는 대화는 특권으로 보호되지 않는다.

b) 변호인과 의뢰인 간의 분쟁(Disputes Between Attorney and Client): 변호인과 의뢰인 간의 분쟁과 관련된 대화는 특권이 적용되지 않는다.

c) 공동 의뢰인들 간의 대화(Communications Between Co-Clients): 현재 서로에게 적대적인 공동 의뢰인들 간의 대화는 특권이 적용되지 않는다.

d) 쟁점이 된 대화(Communications in Issue): 의뢰인이 법률 자문의 내용을 쟁점으로 삼을 때 특권은 적용되지 않는다.

3) 부주의한 공개(Inadvertent Disclosure)

부주의한 공개의 경우 특권의 보유자가 공개가 되는 것을 방지하기 위한 합리적인 조치를 취했었고, 부주의하게 공개가 된 것을 시정하기 위한 합리적인 조치를 신속하게 취했다면 이 경우 부주의한 공개는 특권이 소멸하지 않는다.

4) 업무자료 원칙(Work Product Doctrine)

변호인이 의뢰인의 사건과 관련하여 작성한 문서는 변호인과 의뢰인간의 특권이 아닌 업무자료 원칙에 따라 보호된다. 이러한 문서는 증거조사(discovery)의 대상이 되지 않는다. 그러나 예외적으로 (1) 공개를 구하는 당사자가 자료에 대한 실질적인 필요성이 있고 (2) 당사자가 부당한 어려움 없이는 다른 방법에 의하여 정보를 얻을 수 없는 경우에는 증거조사의 대상이 될 수 있다.

예 XYZ Corp.라는 회사가 부당 해고를 주장하는 전 직원과의 소송 중에 있다. XYZ Corp.의 변호인인 제인은 회사 임원들과의 인터뷰에서 나온 메모 및 전략 개요를 준비하였다. 업무자료 원칙: 제인의 인터뷰 노트 및 전략 개요는 소송을 예상하고 작성한 것으로 업무자료 원칙에 의하여 보호된다. 상대방의 공개 요청: 전 직원의 변호인인 마이크는 제인의 메모에 포함된 특정 사실 정보가 사건에 중요하며 다른 방법으로는 얻을 수 없다고 생각하고 제인의 인터뷰 노트를 제출하도록 법원에 요청한다. 마이크는 그 정보에 대한 실질적인 필요가 있으며 부당한 어려움 없이는 다른 방법으로 얻을 수 없다고 주장한다. 법원: 법원은 마이크가 업무자료 원칙의 예외의 요건을 충족하면 제인의 노트의 사실에 해당하는 내용의 제출을 명령할 수 있다.

C 배우자의 증언거부특권(Spousal Privileges)

1. 배우자 대화 특권(Spousal communication privilege)

Communications made between spouses while they were married are privileged if the communication was made in reliance on the sanctity of marriage.

The majority view is that the privilege is held by both spouses. Some courts, however, maintain that only the communicating spouse can assert the privilege.

This privilege applies only to communications made during the marriage and applies to both civil and criminal cases.

The privilege can be asserted even after the marriage ends, whether through divorce or the death of a spouse. Either party may assert the privilege at any time by refusing to testify or by preventing the other party from testifying.

혼인의 존엄성에 기초하여 대화가 이루어졌다면 혼인 중 배우자 간에 한 대화는 증언거부특권이 주어진다.

다수의견은 배우자의 특권은 배우자 쌍방이 갖는다. 다만 일부 법원은 말을 한 배우자만이 배우자 특권을 주장할 수 있다는 입장을 견지하고 있다.

이 특권은 혼인 중에 이루어진 대화에만 적용되며, 민사사건과 형사사건 모두에 적용된다.

이 특권은 이혼에 의하든 배우자의 사망에 의하든 혼인이 종료된 후에도 주장할 수 있다. 배우자 중 어느 일방은 증언을 거부하거나 상대방 배우자의 증언을 방해함으로써 언제든지 특권을 행사할 수 있다.

예 최근 이혼한 한 부부는 결혼 생활 동안 재정적인 문제에 대해 둘이 대화를 했다. 이혼 후에도 배우자 중 한 명이 상대방의 비밀 대화에 대해 증언하는 것을 막을 수 있는 배우자의 대화 특권을 주장할 수 있다.

2. 배우자 면제 특권(Spousal Immunity privilege)

The spouse of a criminal defendant may not be called as a witness by the prosecution. A married person cannot be compelled to testify against their spouse in any criminal proceeding, including grand jury proceedings.

In federal courts (and a majority of states), the witness spouse holds the privilege. This means the witness spouse can choose to testify but cannot be compelled to do so.

In a minority of states, the defendant spouse holds the privilege. This means the defendant spouse can prevent the witness spouse from testifying, even if the witness spouse wants to testify.

The spousal immunity privilege can be asserted only during a valid marriage. The right to assert the privilege expires upon divorce or annulment.

형사 피고인의 배우자는 검찰에 의하여 증인으로 불려지는 것을 거부할 수 있다. 배우자는 대배심 절차를 포함한 어떤 형사 사건 절차에서도 피고인 배우자에게 불리한 증언을 강요받을 수 없다.

연방법원 및 다수의 주에서는 증인 배우자가 이 특권을 보유하고 있다고 한다. 이는 증인 배우자가 증언하기를 선택할 수는 있지만 증언하는 것을 강제당할 수 없다는 것을 의미한다.

소수의 주에서는 피고인 배우자가 이 특권을 보유하고 있다. 이는 증인 배우자가 증언을 원하더라도 피고인 배우자가 증인 배우자의 증언을 막을 수 있음을 의미한다.

배우자 면책특권은 유효한 혼인 중일때에만 주장할 수 있다. 그 특권을 주장할 수 있는 권리는 이혼 또는 혼인 무효 시 소멸한다.

예 남편이 범죄 혐의로 연방법원에서 재판을 받고 있다. 검찰은 그의 부인이 남편이 했던 행위에 대해 증언하기를 원하고 있다. 부인은 배우자 면제 특권을 가지고 있기 때문에 남편에게 불리한 증언을 하지 않을 수 있다.

3. 배우자의 증언거부특권의 예외(Exceptions to Spousal Privileges)

Neither of the spousal communication privilege and spousal immunity privilege applies in cases where (1) one spouse initiates legal action against the other or (2) one spouse is charged with a crime against the other spouse or the children of either.

한쪽 배우자가 상대방 배우자에게 소송을 제기하는 경우 또는 한쪽 배우자가 상대방 배우자 또는 자녀에 대한 범죄혐의로 기소된 경우에는 배우자 대화 특권과 배우자 면책 특권 모두 적용되지 않는다.

예 남편은 아내가 재정적으로 무책임하고 공동 재산을 잘못 관리해 왔다고 주장하며 이혼 소송을 제기한다. 그는 재정적인 문제를 아내와 논의하기 위해 보냈던 이메일과 대화를 증거로 제출하려고 한다. 결과: 배우자가 다른 배우자와 소송을 하고 있기 때문에 배우자 특권은 적용되지 않는다. 따라서 남편은 이메일과 재정적인 문제에 관한 나눴던 대화 내용에 대해 증언할 수 있다.

예 남편이 아내에게 가정폭력을 가한 혐의를 받고 있다. 검찰은 아내가 이 사건에 대해 증언하기를 원한다. 배우자에 대한 범죄에 해당되므로 배우자 특권은 적용되지 않는다.

4. 배우자 대화 특권과 배우자 면제 특권의 차이(Key Differences)

Aspect	Spousal Communication Privilege	Spousal Immunity Privilege
Applicability	Criminal and civil cases	Criminal cases only
Holder of Privilege	Both spouses	Testifying spouse
Duration	Continues after the marriage ends	Only during the marriage
Protection	Confidential communications made during the marriage	Entire testimony against the spouse
Waiver	Can be waived if both spouses agree to disclose	Can be waived if the testifying spouse chooses

D 의사와 환자의 증언거부특권(Doctor-Patient Privilege)

This privilege ensures that communications made for the purpose of obtaining medical treatment remain confidential. The patient holds this privilege, meaning only the patient can decide to waive it. The communications must be made for the purpose of obtaining medical treatment.

The physician-patient privilege does not exist under the following circumstances:

i) The communication was made for reasons other than medical treatment;

ii) The patient's physical condition is at issue;

iii) The communication was made as part of the commission of a crime or tort;

iv) A dispute exists between the doctor and the patient; or

v) The patient entered into a contract to waive the privilege.

의사와 환자의 증언거부특권은 의학적 치료를 얻기 위한 목적으로 행해지는 대화가 비밀로 유지되는 것을 보호하는 것이다. 이 특권은 환자가 보유하는 것이며, 오직 환자만이 이 특권을 포기하기로 결정할 수 있다.

이 특권에서 보호하는 것은 의학적 치료를 받기 위한 목적으로 하는 대화이다.

그러나 의사와 환자 특권은 다음과 같은 상황에서는 인정되지 않는다.

i) 진료 이외의 이유로 한 대화인 경우

ii) 환자의 신체 상태가 사건의 쟁점이 된 경우

iii) 대화가 범죄 또는 불법 행위의 일부로서 이루어진 경우

iv) 의사와 환자 사이에 분쟁이 존재하는 경우

v) 환자가 이 특권을 포기하기로 계약을 체결한 경우

예 제인은 사고로 입은 부상에 대해 한 회사를 고소하였다. 그녀의 건강 상태가 이 사건의 중심적인 쟁점사항이다. 제인의 몸 상태가 소송에서 쟁점이 되고 있기 때문에 의사와 제인의 부상에 대한 대화는 의사와 환자 특권이 적용되지 않는다.

예 의료 상담 중에 환자가 의사에게 강도를 저지른 것에 대해 고백을 한다. 이 대화는 범죄를 저지른 것에 대한 사항이므로 의사와 환자 특권이 적용되지 않는다.

E 심리치료사와 환자의 증언거부특권 (Psychotherapist-Patient Privilege)

The psychotherapist-patient privilege is a legal concept that protects confidential communications between a patient and a psychotherapist, including psychiatrists, psychologists, and licensed social workers. This privilege encourages open and honest communication between patients and mental health professionals, ensuring effective treatment.

The communication must be made in confidence between the patient and the psychotherapist. The communication must be made for the purpose of diagnosis or treatment of a mental or emotional condition.

The patient holds the privilege and controls its waiver. The psychotherapist can assert the privilege on the patient's behalf, but the patient can decide to waive it.

The psychotherapist-patient privilege does not apply under certain conditions, including:

1) Patient's Mental Condition at Issue: When the patient's mental or emotional condition is an element of a claim or defense in a legal proceeding.

2) Court-Ordered Examinations: If a court orders a mental examination, communications during that examination are not privileged.

3) Danger to Self or Others: If the psychotherapist believes the patient poses a serious threat of harm to themselves or others, the privilege does not apply.

4) Crime or Fraud: Communications made for the purpose of committing or covering up a crime or fraud are not protected.

5) Disputes Between Patient and Psychotherapist: In legal disputes between the patient and the psychotherapist, such as malpractice suits, relevant communications are not privileged.

6) Waiver by Patient: The patient can waive the privilege by agreeing to disclose the communications.

심리치료사와 환자의 증언거부특권은 정신과 의사, 심리학자, 면허 보유 사회복지사 등을 포함한 환자와 심리치료사 간의 비밀스러운 대화를 보호하는 것이다. 이 특권은 환자와 정신보건 전문가 간의 개방적이고 정직한 의사소통을 장려하여 효과적인 치료를 보장하기 위한 것이다.

대화는 환자와 심리치료사 사이에 신뢰 속에서 이루어져야 한다. 이 특권이 적용되는 대화는 정신적 또는 정서적 상태의 진단 또는 치료를 목적으로 이루어져야 한다.

특권을 보유하는 것은 환자이며 특권의 포기 여부를 결정한다. 심리치료사는 환자를 대신하여 특권을 주장할 수 있지만, 포기는 환자가 결정한다.

심리치료사와 환자 특권은 다음과 같은 특정 조건에서는 적용되지 않는다.

1) 환자의 정신 상태가 사건의 쟁점이 된 경우(Patient's Mental Condition at Issue): 환자의 정신적 또는 정서적 상태가 법적 절차에서 청구 또는 방어의 요건이 된 경우이다.

2) 법원이 명령한 검사(Court-Ordered Examinations): 법원이 정신 상태에 대한 검사를 명령한 경우, 검사 중에 한 대화는 특권이 적용되지 않는다.

3) 자기 또는 타인에 대한 위험(Danger to Self or Others): 심리치료사가 환자가 자신 또는 타인에게 심각한 해악의 위협이 된다고 판단하는 경우에는 특권이 적용되지 않는다.

> 예 환자는 심리치료사에게 다른 사람에게 해를 끼칠 구체적인 계획이 있다고 말하였다. 심리치료사는 타인에 대한 해를 예방하기 위해 이러한 정보를 공개할 수 있다.

4) 범죄 또는 사기(Crime or Fraud): 범죄 또는 사기를 저지르거나 은폐할 목적으로 이루어진 대화는 보호되지 않는다.

5) 환자와 심리치료사 간의 분쟁(Disputes Between Patient and Psychotherapist): 환자와 심리치료사 간의 법적 분쟁에서 관련 대화는 특권이 적용되지 않는다.

6) 환자에 의한 포기(Waiver by Patient): 환자는 대화 내용을 공개하는 것에 동의함으로써 특권을 포기할 수 있다.

F 기타 증언거부특권(Other Privileges)

1) Clergy-Penitent Privilege

In some jurisdictions, a confidential communication made by a penitent to a member of the clergy is privileged. This privilege encourages individuals to seek spiritual guidance without fear that their communications will be disclosed.

2) Accountant-Client Privilege

Many jurisdictions have enacted statutes that create a privilege for confidential communications between a client and their accountant. This privilege operates similarly to the attorney-client privilege.

3) Governmental Privileges

The government, at all levels, holds certain privileges to protect sensitive information from being disclosed in legal proceedings. These privileges are designed to maintain the confidentiality of critical information related to government operations and investigations.

1) 성직자와 회개자의 증언거부특권(Clergy-Penitent Privilege)

일부 관할권에서는 성직자에게 회개하는 사람이 비밀리에 하는 대화에 증언거부특권을 부여하고 있다. 이 특권은 개인이 자신의 대화가 공개될 것을 두려워하지 않고 정신적 지도를 구할 수 있도록 한다.

2) 회계사와 의뢰인의 증언거부특권(Accountant-Client Privilege)

많은 관할권에서 의뢰인과 회계사 간의 비밀스러운 대화를 위한 증언거부특권을 보장하는 법률을 제정하였다. 이 특권은 변호사와 의뢰인의 증언거부특권과 유사하게 적용된다.

3) 정부의 증언거부특권(Governmental Privileges)

정부는 민감한 정보가 법적 절차에 공개되지 않도록 보호하기 위해 일정한 특권을 보유하고 있다. 이러한 특권은 정부 운영 및 조사와 관련된 중요 정보의 비밀성을 유지하기 위한 것이다.

Ⅶ | 전문증거(HEARSAY)

A 전문증거의 의미(Definition)

Hearsay is a statement that the declarant makes at a time other than while testifying at the current trial or hearing (an out-of-court statement) that is offered to prove the truth of the matter asserted (FRE 801(c)).

Hearsay evidence generally is inadmissible unless it falls within an exception or exclusion set out in the Federal Rules, a federal statute, or a Supreme Court rule (FRE 802). The primary reason for excluding hearsay is that the adverse party is denied the opportunity to cross-examine the declarant. Cross-examination is crucial for testing the declarant's perception, memory, sincerity, and ability to relate the information accurately.

1) Declarant

The declarant is the maker of the statement and must be a person. Non-hearsay examples include a dog's bark, an automatically generated time stamp on a fax, a printout of results from computerized telephone tracing equipment, or raw data generated by a forensic lab's diagnostic machine

2) Statement

A statement is a person's oral or written assertion, or it may be nonverbal conduct intended as an assertion. Nonassertive conduct is not hearsay.

An example of assertive conduct: A defendant nodding his head up and down to indicate a "yes" answer to a question.

3) Offered to Prove the Truth of the Matter Asserted

Statements offered to prove something other than the truth of the matter asserted are not hearsay.

Examples of Non-Hearsay Purposes:

a) Legally Operative Facts: A statement offered to prove that the statement was made, regardless of its truth.

b) Effect on Recipient: A statement offered to show the effect on the person who heard it.

c) State of Mind: A statement offered as circumstantial evidence of the declarant's mental state.

d) Impeachment: A statement offered solely to impeach a witness is not being introduced for its truth and therefore is not hearsay.

4) Multiple Hearsay

A statement that contains hearsay within hearsay may be admissible as long as each part of the combined statement conforms to a hearsay exception.

전문증거란 진술자가 법정 또는 심리에서 행한 증언 이외의 진술(법정 외 진술)로서 그 주장사실이 진실임을 증명하기 위하여 제출된 것이다(FRE 801(c)).

전문증거는 일반적으로 연방규칙, 연방법 또는 연방대법원 규칙에 명시된 예외 또는 배제에 해당하지 않는 한 증거로 인정되지 않는다. 전문증거를 증거로 인정하지 않는 가장 큰 이유는 반대 당사자가 진술자에 대한 반대신문을 할 기회가 부정되기 때문이다. 반대신문은 진술자의 인식, 기억, 진실성 및 정보를 전달하는 능력을 심사하는 중요한 절차이다.

1) 진술자(Declarant)

진술자는 진술을 한 당사자로 반드시 사람이어야 한다. 따라서 개의 짖는 소리, 팩스에 자동으로 생성되는 타임 스탬프, 컴퓨터화된 전화 추적 장비

결과의 출력물 또는 법의학 실험실의 진단 기계에서 생성된 기초 데이터 등은 전문증거가 아니다.

2) 진술(Statement)

진술은 사람의 구두 또는 서면 주장이거나 주장으로 의도된 비언어적 행위이다. 비주장적 행위는 전문증거가 아니다.

주장적 행위의 예: 피고인이 질문에 대해 "예"라고 대답하기 위해 고개를 위아래로 끄덕이는 행위

3) 주장된 사실의 진실성을 증명하기 위한 제출 (Offered to Prove the Truth of the Matter Asserted)

주장된 사실(요증사실)의 진실성 증명이 아닌 다른 목적을 위해 제출되는 진술은 전문증거가 되지 않는다. 따라서 다음의 사실은 전문증거에 해당하지 않는다.

전문증거 목적이 아닌 경우(Examples of Non-Hearsay Purposes)

a) 법률적 의미를 갖는 사실(Legally Operative Facts): 진실성과는 상관없이 그 진술이 있었다는 것을 증명하기 위해 제공된 진술이다.

> 예 구두에 의한 명예훼손 소송에서 원고가 살인자라는 피고의 진술은 피고가 그러한 진술을 했다는 것을 증명하기 위한 것으로 인정된다. 그러나 원고가 살인자라는 것을 증명하기 위해 제출되는 것은 인정되지 않는다.

b) 청취자에 대한 영향(Effect on Recipient): 진술을 들은 자에 대한 영향을 보여주기 제출되는 진술이다.

> 예 과실에 의한 불법행위 소송에서 피고의 집 앞 보도가 빙판이어서 미끄러웠다는 피고의 진술이 그러한 위험한 사실을 원고가 고지받았다는 것을 보여주기 위해서는 인정이 된다. 그러나 실제로 그 보도가 빙판이었다는 것을 증명하기 위해 제출하는 것은 인정되지 않는다.

c) 정신 상태(State of Mind): 진술자의 정신 상태에 대한 정황증거로서 제출되는 진술이다.

> 예 "I am the queen of England"라는 유언자의 진술은 유언자가 건전한 정신 상태(sound mind)가 아니었음을 보여주기 위한 증거로 제출되는 것으로 인정이 된다. 그러나 유언자가 영국의 여왕이었다는 것에 대한 진실성을 증명하기 위한 것으로는 인정이 되지 않는다.

d) 탄핵(Impeachment): 증인에 대한 탄핵만을 위해 제출되는 진술은 그 진실성을 위해 제출되는 것이 아니기 때문에 전문증거에 해당하지 않는다.

4) 다중 전문증거(Multiple Hearsay)

전문증거 내에 전문증거가 존재하는 경우 즉 다중 전문증거인 경우에는 각각의 전문증거가 전문증거의 예외에 해당하면 증거로 인정이 될 수 있다.

> 예 증인의 진술이 포함된 경찰 보고서는 다중 전문증거에 해당한다. 경찰 보고서가 전문증거의 예외(예: business record)에 해당하고, 보고서 내의 증인의 진술도 전문증거의 예외(예: excited utterance)에 해당하면 증거로 인정이 될 수 있다.

B 비전문증거(Non-Hearsay)

Under the Federal Rules of Evidence, certain statements that would typically be considered hearsay are explicitly defined as non-hearsay. This category includes prior statements by witnesses and opposing party's statements (FRE 801(d)).

1) Prior Statements by Witnesses

a) Prior Inconsistent Statements

A prior statement that is inconsistent with the witness's current testimony. The statement must have been made under oath (under penalty of perjury) at a trial, hearing, deposition, or other proceeding. It can be used to impeach the declarant's credibility and as substantive evidence.

b) Prior Consistent Statements

A prior statement that is consistent with the witness's current testimony. The statement is used to rebut an express or implied charge that the declarant recently fabricated their testimony or acted from an improper influence or motive. The statement must have been made before the alleged fabrication or improper influence arose.

c) Prior Statement of Identification

An out-of-court statement identifying a person after perceiving them. The declarant must testify at the trial or hearing and be subject to cross-examination.

2) Opposing Party's Statements

A statement made by a party to the current litigation, offered against that party by an opposing party. It does not need to be against the party's interest at the time it was made. This statement traditionally was known as an admission of a party-opponent.

a) Judicial Admission

Judicial admissions are statements made by a party during the course of legal proceedings, which are considered conclusive evidence on the matter admitted.

b) Adoptive Admission

A statement made by another person that a party adopts as their own, either expressly or implicitly. Silence in response to a statement can be an adoptive admission if (1) the person present and heard and understood the statement, (2) the person had the ability and opportunity to deny it, and (3) a reasonable person similarly situated would have denied it.

c) Vicarious Statements

Statements made by indivduals who are in a particular relationship with a party, such as employees, agents, authorized speaker, or co-conspirators. These statements can be attributed to the party under certain conditions, making them admissible as evidence against the party. The statement must concern a matter within the scope of the relationship, meaning that the content of the statement must be related to the duties or activities that define the relationship. The statement must be made during the course of the relationship.

연방증거법은 전문증거로 간주되는 특정 진술을 비전문증거로 명시적으로 정의하여 전문증거에서 제외하고 있다. 이 범주에는 증인에 의한 종전의 진술과 반대당사자의 진술이 있다(FRE 801(d)). 따라서 이 범주에 속하는 전문증거는 비전문증거로 분류되어 증거로 인정이 된다.

1) 증인의 종전의 진술(Prior Statements by Witnesses)

a) 종전의 모순된 진술(Prior Inconsistent Statements)

종전의 모순된 진술은 증인의 현재의 증언과 일치하지 않는 종전의 진술이다. 이 진술은 재판, 심리, 증언, 그 밖의 절차에서 선서 하에 한 진술이다. 이러한 진술은 진술자의 신뢰성을 탄핵하고 실체적인 증거로 사용될 수 있다.

> 예 증인이 현재 법정에서 피고인을 못 봤다고 증언하는 경우, 이전 증언녹취(deposition)에서 증인이 피고인을 범행현장에서 봤다고 증언한 진술을 증인의 탄핵과 실체적 증거로 제출할 수 있다.

b) 종전의 일관된 진술(Prior Consistent Statements)

종전의 일관된 진술은 증인의 현재 증언과 일치하는 종전의 진술이다. 이 진술은 진술자가 최근 자신의 증언을 조작하거나 부적절한 영향력이나 동기에서 진술을 했다는 명시적이거나 묵시적인 의심에 대해 반박하기 위해서 사용되는 것이다. 이 진술은 조작 또는 부적절한 영향력이 발생하기 전에 이루어 졌어야 한다.

c) 종전의 신원에 대한 진술(Prior Statement of Identification)

종전의 신원에 대한 진술은 어떤 자를 인지한 것에 대한 법정 외 진술이다. 진술자는 재판이나 심리에서 증언하고 반대신문의 대상이 되어야 한다.

2) 반대 당사자의 진술(Opposing Party's Statements)

반대 당사자의 진술은 현재 소송의 당사자가 한 진술로 자신에게 불리하게 한 진술이다. 진술을 할 당시에 그 당사자의 이익에 불리했을 필요는 없다. 이 진술은 전통적으로 반대 당사자의 인정으로 알려져 있다.

a) 법적 인정(Judicial Admission)

법적 인정은 당사자가 법적 절차에서 한 진술로 요증사실에 대한 결정적 증거로 간주된다.

> 예 과실에 의한 상해 소송에서 피고가 답변서(answer)에서 자신이 사고에 연루된 차량을 운전하고 있었다고 한 진술은 법적 인정에 해당한다.

b) 채택적 인정(Adoptive Admission)

채택적 인정은 명시적이든 묵시적이든 타인의 진술이 당사자 자신의 진술로 인정이 되는 것이다. 진술에 대한 침묵이 채택적 인정이 될 수 있는데 (1) 당사자가 면전에서 그 진술을 듣고 이해했으며 (2) 그 진술을 부인할 능력과 기회가 있었고 (3) 비슷한 위치에 있는 합리적인 사람이라면 그 진술을 부인했을 것이라는 조건이 충족되면 침묵은 채택적 인정이 될 수 있다.

예 파티 중에 누군가가 한 참석자에게 "I heard you were involved in the robbery last week."라고 말한다. 진술을 듣고 대답할 기회가 있었는 참석자는 묵묵부답이었다. 합리적인 사람이 유사한 상황이었다면 혐의를 부인했었을 것이라면 참석자의 침묵은 진술자의 진술을 침묵에 의하여 채택한 것으로 볼 수 있으며, 이는 채택적 인정이 될 수 있다.

c) 대리 진술(Vicarious Statements)

대리 진술은 종업원, 대리인, 권한 있는 발언자, 공동 공모자 등과 같이 당사자와 특정한 관계에 있는 자에 의한 진술이다. 이러한 진술은 일정한 조건하에서 당사자에게 귀속될 수 있어 당사자에 대한 증거로 인정이 된다. 진술은 관계의 범위 내의 문제에 관한 것이어야 하는데, 이는 진술의 내용이 관계를 정의하는 직무나 활동과 관련되어야 한다는 것을 의미한다. 진술은 당사자와 진술자와의 관계가 지속하는 동안에 이루어져야 한다.

예 제조 회사의 한 직원이 고객에게 회사가 제품의 결함이 있는 것을 알고 있다고 말한다. 직원의 진술은 피용자의 직무 범위 내의 사항에 관한 것으로서 고용관계 중에 이루어진 것이므로 제조물 책임 소송에서 증거로 사용될 수 있다.

예 녹음된 통화 내용 중에 범죄 음모를 꾸미는 조직원이 다른 조직원과 강도 계획을 논의한다. 녹음된 진술은 공모 과정에서 이루어진 것이므로 공모 구성원 전원에 대한 증거로 사용될 수 있다.

C 진술자의 증언불능을 요구하는 전문증거의 예외 (Hearsay Exceptions – Declarant Unavailable)

1. 소개(Introduction)

Although hearsay is generally inadmissible, the Federal Rules of Evidence identify situations in which hearsay is allowed. Certain types of hearsay are considered to have special guarantees of trustworthiness and are recognized exceptions. The Federal Rules treat these exceptions in two groups: those that require the declarant to be unavailable and those under which the declarant's availability is immaterial.

Exceptions Requiring the Declarant to be Unavailable

These exceptions apply only when the declarant is unavailable to testify at the trial or hearing. The Federal Rules of Evidence define a declarant as unavailable if they:

1) Are exempted from testifying due to privilege;
2) Persist, despite a court order, in refusing to testify concerning the statement;
3) Testify to lack of memory of the subject matter;
4) Are unable to be present or testify due to death or physical or mental illness; or
5) Are absent and not unable to be procured to their attendance or testimony by process or other reasonable means.

Exceptions Requiring the Declarant to be Unavailable: Former testimony, Statement under the belief of imminent death (Dying declarations), Statements against interest, Statements of personal or family history, Statement offered against a party that wrongfully caused the declarant's unavailability (Forfeiture against wrongdoing).

전문증거는 일반적으로 증거로 인정이 안되지만, 연방증거법은 증거로 인정하는 전문증거의 예외를 규정하고 있다. 특정 유형의 전문증거는 신뢰성에 대한 특별한 보장이 있는 것으로 간주되어 예외로 인정이 되는 것이다. 연방증거법은 이러한 예외를 두 개의 부류로 구분하고 있는데, 진술자가 법정에서 증언을 할 수 없는 것을 요구하는 예외들과 증언을 할 수 있는 지의 여부와 관계없이 인정하는 예외들이 있다.

진술자의 증언불능을 요구하는 예외(Exceptions Requiring the Declarant to be Unavailable)

이러한 예외는 진술자가 재판이나 심리에서 증언할 수 없는 경우에만 전문증거의 예외가 되어 증거로 인정이 될 수 있다. 연방증거법은 진술자가 다음과 같은 경우에는 증언불능한 상태라고 정의하고 있다.

1) 증언거부특권으로 인하여 증언이 면제되는 경우
2) 법원의 명령에도 불구하고 진술에 관한 증언을 지속적으로 거부하는 경우
3) 진술의 내용을 기억하지 못한다고 증언하는 경우
4) 사망이나 신체적 질병 또는 정신적 질병으로 인해 증인으로 참석하거나 증언을 할 수 없는 경우
5) 법정에 불참하고 사법절차나 기타 합리적인 방법으로 출석이나 증언을 하게 할 수 없는 경우

진술자의 증언불능을 요구하는 예외: 종전의 증언, 임박한 사망의 믿음 하에 한 진술(사망시 진술), 이익에 반하는 진술, 개인 또는 가족력에 대한 진술, 부당하게 진술자의 증언불능을 초래한 자에 대한 진술(부정행위에 대한 몰수).

2. 종전의 증언(Former Testimony)

> Former testimony given by a witness at a trial, hearing, or lawful deposition is not excluded as hearsay if certain conditions are met.
>
> The party against whom the testimony is being offered must have had an opportunity and similar motive to develop the testimony through direct examination, redirect examination, or cross-examination. The declarant who gave the former testimony must be unavailable to testify at the current trial or hearing.
>
> Generally, grand jury testimony does not fall within the former testimony exception because the opportunity for cross-examination is typically not present.

재판, 심리 또는 적법한 증언녹취에서 증인이 한 종전의 증언은 일정한 조건이 충족되면 전문증거로 배제되지 않는다.

증언을 하는 당사자의 반대 당사자는 직접신문, 재직접신문 또는 반대신문을 통하여 해당 증언을 발전시킬 수 있는 기회와 그와 유사한 동기가 있었어야 한다. 종전의 진술을 한 진술자는 현재의 재판 또는 심리에서 증언할 수 없어야 한다.

일반적으로 대배심 증언은 반대신문의 기회가 통상 존재하지 않기 때문에 종전의 증언의 예외에 해당하지 않는다.

> 예 민사소송에서 증언녹취(deposition)에서 증언을 했던 증인이 병에 걸려서 법정에 출석할 수 없게 된 경우, 반대 당사자는 증언녹취 절차에서 증인을 신문할 기회와 그와 유사한 동기가 있었으므로 종전의 증언 예외에 따라 증언녹취의 진술은 증거로 인정될 수 있다.

3. 임박한 사망의 믿음 하에 한 진술 (Statement under the Belief of Imminent Death)

A statement under the belief of imminent death (dying declaration) is a statement made by a declarant who believes that their death is imminent and pertains to the cause or circumstances of their impending death.

The declarant must believe that their death is imminent when making the statement. This belief must be a subjective conviction that death is about to occur. The statement must directly relate to the cause or circumstances of what the declarant believes to be their impending death.

The declarant must be unavailable to testify at the trial or hearing. Unavailability can be due to death, but it can also be due to other reasons such as illness or absence.

The dying declaration exception applies only in prosecutions for homicide and in civil cases. It does not apply in non-homicide criminal cases.

임박한 사망의 믿음 하에 한 진술(사망시 진술)은 사망이 임박했다고 믿는 진술자가 한 진술로 사망의 원인이나 상황과 관련이 있는 진술이다.

진술자는 진술을 할 때 자신의 죽음이 임박했다는 것을 믿고 있어야 한다. 이 믿음은 죽음이 곧 일어날 것이라는 주관적 확신이어야 한다. 진술은 진술자가 자신의 죽음이 임박했다고 믿는 것의 원인이나 상황과 직접적으로 관련되어야 한다.

진술자는 재판 또는 심리에서 증언할 수 없어야 한다. 증언불능은 사망에 의한 것일 수도 있지만 질병이나 불출석 등 다른 사유에 의한 것일 수도 있다.

사망시 진술의 예외는 살인죄에 대한 기소와 민사 사건에 대해서만 적용된다. 살인죄가 아닌 형사 사건에는 적용되지 않는다.

예 칼부림 피해자는 자신이 곧 죽을 것이라고 믿고 "John stabbed me because he thought I was cheating on him."라고 말하였다. 피해자의 진술은 죽음이 임박했다는 믿음하에 행해진 것이며, 그 진술은 죽음의 원인과 관련이 있다. 따라서 사망시 진술의 예외가 되어 이 진술은 증거로 인정이 된다.

4. 이익에 반하는 진술(Statement against Interest)

A statement against interest is a statement made by a declarant who is unavailable to testify that is not excluded as hearsay under certain conditions.

This statement is considered reliable because they are against the declarant's own interest at the time they were made, which typically means they would not have been made unless they were true.

The statement must have been against the declarant's proprietary or pecuniary interest at the time it was made and would not have been made by a reasonable person unless he believed it to be true. The declarant must be unavailable to testify at the trial or hearing.

Distinguishing from the Opposing Party's Statement:

1) The statement against interest can be made by a non-party, the declarant must be unavailable, and the statement must have been against the declarant's interest at the time it was made.
2) The opposing party's statement must be made by a party to the litigation, the declarant's availability is immaterial, and the statement needs not have been against the party's interest when it was made.

이익에 반하는 진술은 법정에서 증언을 할 수 없는 진술자가 한 진술로서 일정한 조건하에서 전문증거로 배제되지 않는다.

이 진술은 진술을 할 당시 진술자의 이익에 반하기 때문에 신뢰성이 높은 것으로 평가된다. 일반적으로 사람들은 사실이 아니라면 자신의 이익에 반하는 말을 하지 않을 것이기 때문이다.

이 진술은 진술 당시 진술자의 재정적, 법적 또는 형사적 이익에 반하는 진술이어야 하고, 그것이 사실이라고 믿겨 지지 않는 한 합리적인 사람이라면 말하지 않았어야 한다. 진술자는 재판 또는 심리에서 증언할 수 없어야 한다.

반대 당사자의 진술과 구별되는 점(Distinguishing from the Opposing Party's Statement)

1) 이익에 반하는 진술은 비당사자가 할 수 있고, 그 진술은 그 진술할 당시 진술자의 이익에 반하는 것이어야 한다.

2) 반대 당사자의 진술은 소송 당사자가 하여야 하고, 진술자의 증언 가능 여부는 중요하지 않으며, 진술이 이루어질 때 당사자의 이익에 반할 필요도 없다.

예 진술자는 "I knew the bridge was unsafe but did nothing to fix it"라고 말하고 나서 증언을 할 수 없는 상태가 되었다. 이 진술은 과실에 의한 민사 책임을 질 수 있는 진술로서 진술자의 이익에 반하는 진술이다. 따라서 이 진술은 전문증거의 예외로 증거로 인정이 된다.

예 진술자는 "I was the one who stole the money"라고 말하고 나서 증언을 할 수 없게 되었다. 이 진술은 형사 책임을 질 수 있는 진술로 이익에 반하는 진술에 해당한다.

5. 개인 또는 가족력에 대한 진술(Statement of Personal or Family History)

A statement concerning the unavailable declarant's personal or family history is not excluded as hearsay.

The statement must concern the declarant's own personal or family history. This includes facts related to birth, adoption, legitimacy, ancestry, marriage, divorce, or similar facts of personal or family history. The declarant must be unavailable to testify at the trial or hearing.

증언불능의 진술자가 한 개인 또는 가족력에 대하여 한 진술은 전문증거의 예외가 되어 배제되지 않는다.

이 진술은 진술자 자신의 개인적 또는 가족사와 관련되어야 한다. 여기에는 출생, 입양, 친생자, 혈통, 혼인, 이혼 등과 관련된 사실이나 개인적 또는 가족사와 유사한 사실이 포함된다. 진술자는 재판 또는 심리에서 증언할 수 없어야 한다.

예 진술자는 "I was born in New York City on July 4, 1990"라고 말하고 나서 증언을 할 수 없게 되었다. 이 진술은 진술자의 출생에 관한 것으로, 개인 또는 가족력에 대한 진술에 해당되어 증거로 인정된다.

6. 부당하게 진술자의 증언불능을 초래한 자에 대한 진술 (Statement Offered against a Party that Wrongfully Caused the Declarant's Unavailability)

A statement offered against a party that wrongfully caused the declarant's unavailability is not excluded as hearsay. This exception was known as the "forfeiture against wrongdoing" exception.

The wrongdoing that caused the declarant's unavailability can be criminal or non-criminal. The act must have been done with the intent of preventing the declarant from testifying. The wrongdoing may be a deliberate act or an act to which the party acquiesced. By engaging in wrongdoing to prevent the declarant from testifying, the party forfeits their right to object to the admission of the declarant's statement as hearsay. The declarant must be unavailable to testify at the trial or hearing as a result of the wrongdoing.

부당하게 진술자의 증언불능을 초래한 자에 대한 진술은 전문증거로 배제되지 않는다. 이 예외는 "부정행위에 대한 몰수" 예외라고도 한다.

진술자의 증언불능을 야기한 부정행위는 범죄일 수도 있고 비범죄일 수도 있다. 그 행위는 진술자의 증언을 저지할 목적으로 이루어 졌어야 한다. 부정행위는 고의에 의한 행위일 수도 있고, 묵인에 의한 행위로 발생할 수도 있다. 진술자의 증언을 저지하기 위해 부정행위를 함으로써 당사자는 진술자의 진술을 전문증거를 이유로 이의를 제기할 수 있는 권리를 상실하게 되는 것이다. 진술자는 부정행위의 결과로 재판이나 심리에서 증언할 수 없어야 한다.

예 형사 사건의 피고인은 증인이 증언하지 못하도록 협박한다. 증인은 피고인의 협박 전에 경찰관에게 피고인을 가해자로 지목했었으나 현재는 두려움에 증언을 하지 못하고 있다. 피고인은 부당하게 증인의 증언을 못하게 하였으므로 증인이 경찰관에게 한 진술은 전문증거의 예외로 인정이 된다.

D 진술자의 증언불능이 중요하지 않은 전문증거의 예외 (Hearsay Exceptions – Declarant's Availability Immaterial)

1. 현재의 감각적 인상(Present Sense Impression)

A present sense impression is a statement that describes or explains an event or condition made while or immediately after the declarant perceived it. This type of statement is not excluded as hearsay.

The statement must be made while the declarant is perceiving the event or condition or immediately thereafter. This ensures the statement is made contemporaneously with the event, reducing the likelihood of deliberate fabrication or faulty memory. The close timing between the event and the statement ensures reliability.

현재의 감각적 인상은 진술자가 어떤 사건이나 상태를 인지하는 동안 또는 직후에 그 사건을 기술하거나 설명을 한 진술이다. 이러한 진술은 전문증거로 배제되지 않는다.

진술은 진술자가 사건이나 상태를 인지하고 있는 동안 또는 그 직후에 이루어져야 한다. 이는 진술이 사건과 동시에 이루어지도록 하여 의도적인 조작이나 기억의 결함을 줄일 수 있는 것이다. 사건과 진술 사이의 긴밀한 시간적 밀접성은 현재의 감각적 인상에 따른 진술의 신뢰성을 보장하는 것이다.

> 예 교통사고를 목격한 증인은 911에 전화를 걸어 "A blue car just ran a red light and hit a white car."라고 말을 하였다. 진술자는 자동차 사고를 목격한 직후 설명을 한 것으로 진술자의 현재의 감각적 인상의 예외에 해당되어 이 진술은 증거로 인정이 된다.

2. 흥분상태의 발언(Excited Utterance)

An excited utterance is a statement made about a startling event or condition while the declarant is under the stress of excitement that the event or condition caused. This type of statement is not excluded as hearsay. This exception ensures the reliability of spontaneous reactions to shocking events, as the declarant is unlikely to have had time to fabricate their response.

There must be a startling event or condition that shocks or excites the declarant. The statement must be made while the declarant is under the stress of excitement caused by the event. The declarant must still be experiencing the emotional or physical effects of the event.

The statement must relate to the startling event or condition. It does not need to describe the event in detail; it only needs to be relevant to the event.

Distinguishing from Present Sense Impression:

1) Present Sense Impression must be a description or explanation of an event or condition made while or immediately after perceiving it. It requires immediacy and a focus on describing the event as it happens.

2) Excited Utterance must be made under the stress of excitement from a startling event or condition. It need only relate to the event, not necessarily describe it in detail.

홍분상태의 발언은 진술자가 어떤 사건이나 상태로 인하여 충격을 받은 긴장상태 하에서 충격을 준 그 사건이나 상태에 대해 한 발언이다. 이런 진술은 전문증거로 배제되지 않는다. 이 예외는 충격적인 사건에 대한 자발적 반응으로, 진술자가 반응을 조작할 시간이 없었을 가능성이 낮기 때문에 그 신뢰성이 보장되는 것이다.

진술자에게 충격을 주거나 홍분하게 하는 사건이나 상태가 존재해야 한다. 진술자가 그 사건으로 인한 충격을 받은 긴장상태에 있는 동안 진술해야 한다. 진술자는 그 사건의 정서적 또는 신체적 영향을 여전히 경험하고 있어야 한다.

이 진술은 충격을 준 사건이나 상태와 관련되어 있어야 한다. 그 사건을 자세히 설명할 필요는 없고 사건과 관련되어 있으면 된다.

현재의 감각적 인상과의 구별(Distinguishing from Present Sense Impression)

1) 현재의 감각적 인상은 어떤 사건이나 상태를 지각하는 동안 또는 지각한 직후에 이루어진 기술 또는 설명이어야 한다. 사건이 일어나는 즉시성과 설명에 대한 집중을 요구한다.

2) 홍분상태의 발언은 충격을 준 사건이나 상태에서 오는 긴장상태가 있어야 한다. 진술은 사건과 관련된 것이어야 하며, 반드시 자세히 설명할 필요는 없다.

예 편의점 강도사건 중 카운터 뒤에 숨어있던 손님인 증인이 "He's got a gun!"이라고 외친다. 강도사건으로 인한 충격을 받은 긴장상태 하에서 발언한 것으로 이 발언은 흥분상태의 발언으로 인정된다.

3. 당시 존재하는 정신, 정서적, 신체적 상태에 대한 진술 (Then-Existing Mental, Emotional, or Physical Condition)

A statement of the declarant's then-existing state of mind or emotional, sensory, or physical condition is not excluded as hearsay. This exception ensures that statements reflecting a declarant's immediate experience are considered reliable and can be used to prove the existence of that condition at the time.

The statement must describe the declarant's then-existing state of mind (such as motive, intent, or plan), emotional condition, sensory condition, or physical condition (such as mental feeling, pain, or bodily health).

진술자의 당시 존재하는 정신 상태 또는 정서적, 감각적, 신체적 상태에 대한 진술은 전문증거로 배제하지 않는다. 이 예외는 진술자의 즉각적인 경험을 반영하는 진술이 신뢰할 수 있는 것으로 간주되는 것이다.

진술은 진술자의 당시 존재하는 정신 상태(동기, 의도 또는 계획 등), 정서적 상태, 감각 상태 또는 신체적 상태(정신적 감정, 고통 또는 신체 건강 등)를 기술해야 한다.

예 진술자는 "I intend to sell my car tomorrow."라고 말하였다. 이 진술은 진술자의 의도를 보여주며 진술자가 자동차를 판매하기 위한 조치를 취했을 가능성이 높다는 것을 증명하는 데 사용될 수 있다.

4. 의학적 진단 또는 치료를 위해 한 진술 (Statement Made for Medical Diagnosis or Treatment)

A statement made for medical diagnosis or treatment is not excluded as hearsay if it describes the medical history, past or present symptoms, or the cause or source of the condition, provided it is reasonably pertinent to diagnosis or treatment.

The information must be reasonably pertinent to the medical diagnosis or treatment. This exception is broad, covering statements made to various medical personnel and even to family members, and includes statements made to non-treating physicians. It can be made to other medical personnel such as hospital attendants, ambulance drivers, or even family members if the purpose is medical diagnosis or treatment.

Even if a statement qualifies under this hearsay exception, it may still be inadmissible if it is protected by the physician-patient privilege.

의학적 진단 또는 치료를 위해 한 진술은 진단 또는 치료와 합리적으로 관련이 있는 경우로서, 병력, 과거 또는 현재 증상, 또는 질환의 원인 또는 출처를 설명하는 경우에는 전문증거로 배제되지 않는다.

그 정보는 의학적 진단 또는 치료와 합리적으로 관련이 있어야 한다. 이 예외는 다양한 의료인, 심지어 가족 구성원에 대한 진술을 포괄하는 광범위한 것이며, 치료하지 않는 의사에 대한 진술도 포함한다. 의료 진단 또는 치료가 목적인 경우 병원 의사, 구급차 운전자, 심지어 가족 구성원과 같은 다른 의료인도 해당될 수 있다.

진술자의 진술이 이 예외에 해당된다고 하더라도 그 진술이 의사와 환자의 증언거부특권에 의해 보호된다면 진술자의 진술은 여전히 허용되지 않을 수 있다.

예 환자는 "I have had a persistent cough and fever for the last week."라고 말한다. 이 진술은 의학적 진단을 목적으로 한 것이며, 현재 증상에 대해 설명한 것이다. 따라서 의학적 진단 또는 치료를 위해 한 진술에 해당된다.

5. 통상 행위의 기록(Records of a Regularly Conducted Activity)

> A record of an act, event, condition, opinion, or diagnosis is not excluded as hearsay if it meets certain criteria. This exception, commonly referred to as the business records exception, extends to any regularly conducted activity of an organization, including nonprofit organizations.
>
> The record must be kept in the course of a regularly conducted activity of a business, organization, or occupation. The record was made at or near the time by someone with knowledge.
>
> Authentication: The custodian of the record or another qualified witness may testify that the authentication requirement is met. A record may be self-authenticated if it is properly certified.
>
> Medical records: Medical records are considered business records to the extent that the entries relate to diagnosis or treatment.
>
> Police Reports: A police report can qualify under the business records exception. A statement made by a witness contained in the report does not generally qualify because the witness is not acting on behalf of the police in making the statement.
>
> Preparation of Litigation: Records prepared in anticipation of litigation, such as an employee's accident report, may not qualify due to potential bias and lack of trustworthiness.[3)]

어떤 행위, 사건, 상태, 의견 또는 진단에 대한 기록이 일정한 기준을 충족하는 경우 전문증거로 배제되지는 않는다. 통상 행위의 기록 예외는 업무기록 예외로 불리지기도 한다. 이 예외는 비영리단체를 포함하여 어떤 단체가 규칙적으로 하는 모든 행위에 적용된다.

---

3) Palmer v. Hoffman, 318 U.S. 109 (1943)

이 기록은 기업, 단체, 직업의 통상적인 활동 과정에서 기록되어야 한다. 기록은 관련 지식을 가진 사람이 그 당시 또는 그 즈음에 작성한 것이어야 한다.

진정성(Authentication): 기록의 보관자 또는 다른 자격을 갖춘 증인이 진정성 요건이 충족되었음을 증언할 수 있다. 기록이 적절히 인증된 경우에는 그 자체로 진정성이 성립될 수 있다.

진료기록(Medical records): 진료기록은 진단 또는 치료와 관련된 범위 내에서 업무기록으로 간주된다.

경찰 보고서(Police Reports): 경찰 보고서는 업무기록 예외에 해당될 수 있다. 그러나 보고서에 포함된 증인에 의한 진술은 일반적으로 그 증인이 진술을 하는 데 있어서 경찰을 대신하여 행위를 하는 자격이 있는 것은 아니기 때문에 통상 행위의 기록 예외에 해당되지 않는다.

소송 준비(Preparation of Litigation): 직원의 사고보고서 등 소송을 위한 준비로 작성된 기록은 잠재적 편향 및 신뢰성 부족으로 인해 업무기록 예외에 해당할 수 없다.

> 예 회사는 매일 재고의 내용을 담은 일지를 작성하여 보관한다. 이 일지는 직원들이 매일 근무시간 마지막 무렵에 작성한다. 이 일지의 기록은 통상적인 업무 과정에서 작성된 것으로 재고조사 시점 또는 그 즈음에 작성되었다. 따라서 일지의 기록은 통상 행위 기록 예외에 해당하여 증거로 인정될 수 있다.

6. 공공 기록(Public Records)

The public records are not excluded as hearsay. This exception is based on the presumption that public records are generally trustworthy due to the duty of public officials to accurately record and report information as part of their official duties.

> A record or statement of a public office is not excluded by the rule against hearsay if it sets out (1) the office's activities; (2) a matter observed while under a legal duty to report, but not including, in a criminal case, a matter observed by law-enforcement personnel; or (3) in a civil case or against the government in a criminal case, factual findings from a legally authorized investigation. In addition, the opponent does not show that the source of information or other circumstances indicate a lack of trustworthiness.

공공 기록은 전문증거로 배제되지 않는다. 이 예외는 공무원이 공무의 일환으로 정보를 정확하게 기록하고 보고해야 하는 의무로 인해 공공 기록은 일반적으로 신뢰할 수 있다는 추정이 있기 때문에 전문증거의 예외로 인정되는 것이다.

공직의 기록이나 진술은 (1) 공직의 활동, (2) 법적 신고의무 하에 관찰된 사항(그러나 형사 사건의 경우 법 집행기관이 관찰한 사항은 해당되지 않는다) 또는 (3) 민사사건의 경우 또는 형사 사건에서 정부에 대한 경우 법적으로 권한이 있는 조사에 의한 사실적 조사결과에 대한 사항이 기재되어 있으면 전문증거로 배제되지 않는다. 또한 반대 당사자가 정보의 출처나 그 밖의 사정에 의해서 신뢰성을 결여하고 있다는 것을 보여주지 못해야 한다.

예 시 위생 부서는 매일 쓰레기 수집 경로와 수집되는 쓰레기의 양에 대한 기록을 하고 이를 보관하고 있다. 이 기록은 공공 기록의 예외에 해당한다.

예 건강검사관은 법률의 규정에 따라 식당 점검 중에 관찰된 위반 사항을 자세히 기록하고 있다. 이 보고서는 공공 기록의 예외로 증거로 제출할 수 있다.

7. 학술논문, 정기간행물 또는 소눈문에 수록된 진술 (Statements in Learned Treatises, Periodicals, or Pamphlets)

Certain statements contained in learned treatises, periodicals, or pamphlets are not excluded as hearsay if they meet specific criteria.

The statement must be from a publication that is established as a reliable authority by the testimony or admission of a witness, by other expert testimony, or by judicial notice.

An expert witness may refer to statements in a learned treatise to support their opinions. If admitted, the statement may be read into evidence but not received as an exhibit.

학술논문, 정기간행물 또는 소논문에 수록된 특정한 진술은 특정 기준에 부합하는 경우 전문증거로 배제되지 않는다.

학술논문의 진술은 증인의 증언이나 인정, 다른 전문가의 증언 또는 주지의 사실에 의하여 신뢰성이 있는 권위가 있는 것으로 확립된 출판물에 있는 내용이어야 한다.

전문가 증인은 자신의 의견을 뒷받침하기 위해 학술논문에 수록된 진술을 참고할 수 있다. 권위있는 출판물로 인정이 되면, 해당 진술은 증거로 읽혀 질 수 있지만, 증거서류로 제출될 수는 없다.

예 의료과실 사건에서 원고의 의료전문가는 진료기준에서 특정 진단검사를 받아야 한다고 증언한다. 이 증언을 뒷받침하기 위해 전문가는 진단검사의 필요성을 확인하는 의학 학술논문의 일부 내용을 읽을 수 있다.

예 제조물 책임 사건에서 엔지니어링 전문가는 특정 유형의 금속이 스트레스를 받으면 깨지기 쉽다고 증언한다. 전문가는 금속의 특성을 논의하는 엔지니어링 정기간행물의 기사를 언급한다. 전문가의 증언에 의하여 정기간행물은 신뢰할 수 있는 권위있는 학술자료로 인정이 되며, 해당 정기간행물의 내용은 증거로 읽혀 질 수 있다.

> 예 DNA 증거와 관련된 형사 사건에서 변호인은 사건에 사용된 특정 DNA 검사 방법의 신뢰성에 의문을 제기하는 법의학 저널의 진술을 참고하여 검찰의 DNA 전문가에 대한 반대신문을 한다. 법의학 저널은 신뢰할 수 있는 권위 있는 학술로 인정이 되며, 그 진술은 반대신문 시 전문가의 증언에 이의를 제기하기 위해 사용될 수 있다

8. 기타 예외(Other Exceptions)

1) Recorded Recollection
2) Records of Religious Organizations Concerning Personal or Family History
3) Certificates of Marriage, Baptism, and Similar Ceremonies
4) Family Records
5) Records of Documents That Affect an Interest in Property
6) Statements in Documents That Affect an Interest in Property
7) Statements in Ancient Documents
8) Market Reports and Similar Commercial Publications
9) Reputation Concerning Personal or Family History
10) Reputation Concerning Boundaries or General History
11) Reputation Concerning Character
12) Judgment of a Previous Conviction
13) Judgments Involving Personal, Family, or General History, or a Boundary

1) 기록된 기억
2) 개인 또는 가족사에 관한 종교단체의 기록
3) 결혼, 세례 및 유사 예식 증명서
4) 가족 기록

5) 재산상 이익에 영향을 미치는 문서의 기록

6) 재산상 이익에 영향을 미치는 문서에 기재된 진술

7) 오래된 문서의 진술

8) 시장 보고서 및 유사 상업 출판물

9) 개인 또는 가족사에 관한 평판

10) 토지경계 또는 일반 역사에 관한 평판

11) 성격에 관한 평판

12) 종전의 유죄판결

13) 개인, 가족, 일반 역사 또는 토지경계와 관련된 판결

E 대면권 조항과 전문증거(Confrontation Clause and Hearsay Evidence)

The Confrontation Clause of the Sixth Amendment guarantees a defendant in a criminal trial the right to be confronted with the witnesses against them. This clause significantly impacts the admissibility of hearsay evidence in criminal trials.

The Confrontation Clause bars the admission of testimonial statements of a witness who does not appear at trial unless the witness is unavailable and the defendant had a prior opportunity to cross-examine the witness.[4)] Even if a hearsay statement falls under an exception to the hearsay rule, it cannot be admitted if it is testimonial in nature and the defendant has not had the opportunity to cross-examine the declarant.

4) Crawford v. Washington, 541 U.S. 36 (2004)

> Statements that are not considered testimonial are generally not subject to the Confrontation Clause. Non-testimonial statements include statements made in the course of police interrogation under circumstances objectively indicating that the primary purpose of the interrogation is to enable police assistance to meet an ongoing emergency.[5)]

수정헌법 제6조의 대면권 조항은 형사재판에서 피고인에게 증인과 대면할 권리를 보장하고 있다. 이 조항은 형사재판에서 전문증거의 증거능력에 중대한 영향을 미친다.

대면권 조항은 증인이 출석할 수 없고 피고인이 증인을 반대신문할 사전 기회가 없었다면 재판에 출석하지 않는 증인의 증언적 진술을 인정할 수 없도록 하고 있다. 설령 전문증거에 해당하는 진술이 전문증거의 예외에 해당한다고 하더라도 본질적으로 해당 진술이 증언적 진술에 해당하고 피고인이 반대신문할 기회가 없었다면 해당 진술은 증거로 인정할 수 없게 된다.

진술이 증언적 진술이 아닌 비증언적 진술이면 일반적으로 대면권 조항의 적용을 받지 않는다. 비증언적 진술은 경찰신문의 과정의 진술도 해당될 수 있는데, 신문의 주된 목적이 객관적으로 경찰이 긴급상황에 대처할 수 있도록 지원하는 것인 경우에는 비증언적 진술에 해당한다.

예 증인은 피고인이 범죄에 연루된 것에 대해 경찰에게 상세히 진술을 하였다. 이후 증인은 재판에 출석할 수 없게 되었다. 증인의 진술은 증언적인 것으로 간주되며, 피고인이 증인에 대하여 반대신문을 할 수 있는 사전 기회가 없었다면, 이 진술은 전문증거의 예외로서 증거로 인정될 수 없다.

예 전화를 건 사람이 911에 전화하는 동안 진행 중인 가정 폭력 사건에 대해 설명을 하였다. 통화 중 진술한 내용은 현재 진행 중인 긴급상황을 해결하는 것이 목적이라면 이 진술은 비증언적 진술에 해당하여 전문증거의 예외로서 증거로 인정될 수 있다.

---

5) Davis v. Washington, 547 U.S. 813 (2006)

MEMO

Evidence Law
미국 증거법

초판인쇄 2024년 7월 1일
초판발행 2024년 7월 5일
저　　자 강병진 미국 뉴욕주 변호사

발 행 인 이수형
발 행 처 (주)법률신문사
출판등록 1980.4.22 제6-46호
주　　소 서울특별시 서초구 서초대로 396, 1402호
대표전화 02-3472-0602~5
팩　　스 02-3472-0606
홈페이지 www.lawtimes.co.kr

ISBN 979-11-5919-031-5(93360)
정　　가 25,000원